외식 창업자를 위한 주방장의

I. 스페셜 메뉴편

외식 창업자를 위한 주방장의

노하우
비법노트

I. 스페셜 메뉴편

2013년 11월 07일 1쇄 발행
2014년 08월 18일 2쇄 발행

지은이 장형심
펴낸이 이종춘
펴낸곳 BM 성안당
주소 121-838 서울시 마포구 양화로 127 첨단빌딩 5층(출판기획 R&D센터)
　　　413-120 경기도 파주시 문발로 112(제작 및 물류)
전화 02-3142-0036
　　　031-955-0511
팩스 031-955-0510
등록 1973. 2. 1. 제13-12호
출판사 홈페이지 www.cyber.co.kr

ISBN 978-89-315-7709-9(13590)
ISBN 978-89-315-7714-3(세트)
정가 28,000원

이 책을 만든 사람들
기획 최옥현
사진 스튜디오 외식과 창업 더포토 김현기, 스탭 김두현
교정 이용화
본문·표지디자인 想 company
홍보 전지혜
마케팅 구본철, 차정욱, 나진호, 강호묵
제작 김유석
협찬 (주)에릭스, 신월동 현대주방

외식 창업자를 위한 주방장의

노하우
비법노트

I. 스페셜 메뉴편

BM 성안당

 추천사

명품 음식점을 만들기 위한 조건

노하우 비법 노트 교재는 창업자가 필수적으로 읽고 외워야 하는 필독서로 성공적인 창업을 원하신다면 꼭 준비하세요!
특히 장형심 원장님은 조리 기능장과 메뉴 개발 분야 최고의 권위자로 많은 외식업을 성공적으로 컨설팅하는 전문가이기도 합니다.

성공한 식당들은 과거의 흐름에서 얻은 교훈을 바탕으로 현재를 일궈내는 능력이 대부분 탁월합니다. 21세기에 외식 사업으로 성공하려면 미래의 변화 추이를 예측하고 철저하게 준비해야만 가능합니다.
과거와 현재 그리고 미래에 성공을 했거나 할 식당들의 핵심적인 성공 요소들은 각각 다를 것입니다. 성공적인 경영은 구성원과 조직이 현재의 트렌드를 제대로 읽고 또 그에 따른 정교한 지식들을 얼마만큼 습득하고 있는가에 달려 있습니다. 이 책에서는 트렌드를 읽는 경영이 얼마나 소중하고 피할 수 없는 대세인가를 일목요연하게 꼬집어 들어가고 있습니다. 더불어 외식 경영자에게 그런 마인드를 갖도록 경각심을 더욱 불러일으켜 줄 것입니다.
현재 외식 업계는 빈사 상태에 놓여 있습니다. 치열한 경쟁, 대기업의 참여, 요동치는 경제, 소비자 욕구의 다양함 등으로 나날이 어려워지고 있습니다.
최근 통계에 따르면 자영업자 신고 업체 중 1년 내에 문을 닫는 업소가 25% 정도 된다고 합니다. 업종별로 살펴보면 이들 중 85%가 외식 업소들이라고 합니다. 그 이유는 경영 능력 부족, 경기 불황, 과열 경쟁, 대형 업체 출현 등으로 해석되고 있습니다. 우리 나라의 외식 사업은 현재 혼돈기입니다. 그동안 양적 팽창을 위주로 성장해온 데 따른 부산물입니다. 생존 경쟁이 뒤따르면서 혼탁한 질서가 만연되고 있기도 합니다. 선진의 인구 통계학적 공식으로 보면 우리 나라 음식점의 적당한 수량은 현재 70여만 업소 중 대략 70% 정도 선입니다.
현재 영업하고 있는 외식 업체 중 제대로 경영 성과를 올려 돈을 버는 비율은 10% 정도에 불과하고, 40~50% 정도는 현상 유지를, 나머지는 업종 전환 또는 폐업하는 것을 고려하고 있다고 합니다. 또 최근 3년 동안 창업 업소수와 폐업 업소수의 통계 자료를 보면 전자는 총 20만 개가 조금 넘고, 후자는 17만 개 정도라고 합니다. 이는 신규로 오픈하는 수는 줄고 기존의 식당들은 문을 계속 닫고 있다는 반증입니다. 살아남은 식당들도 어려운 경영이 지속될 것으로 전망됩니다. 높은 인건비, 높은 재료비, 높은 임대료, 높은 세금, 높은 카드 수수료, 유가 상승으로 인한 높은 광열비 등을 감안하면 풀어야 할 과제가 한두 가지가 아닙니다.

우리는 흔히 주변에서 장사가 잘 되는 음식점을 두고 '그 음식점 대박 났어!'라고 말합니다. 대박집과 쪽박집의 차이는 과연 어디에 있을까요? 돼지고기를 재료로 장사하는 업소를 예를 들어보면, 돼지갈비하면 사용하는 재료는 별 차이가 없을 것입니다. 그러나 운영하는 정도에 따라 명암은 성공과 실패로 현저하게 갈립니다. 과연 대박집은 '어떻게 운영하길래 그리고 그 성공의 비결은 무엇일까'하고 생각해 보게 됩니다.

필자는 13년 동안 프라자 호텔에서 조리사 생활을 하면서 직접 접촉한 고객들을 상대로 일일이 고객 일지를 써 본 적이 있습니다. 고객들이 선호하는 음식과 메뉴를 기록해 두기 위해서였습니다. 이 기록 과정에서 아주 중요한 사실을 발견했습니다. 문제가 있거나 해결해야 하는 사안들이 발견될 때마다 정답은 항상 고객이 가르쳐 주곤 한다는 것입니다. 따라서 이처럼 훌륭한 정보를 주고 대안을 마련해 주는 고객을 왜 만족시켜 주지 못하는가, 왜 그 고객을 우리 집의 단골 고객 또는 충성 고객으로 만들지 못하는가라는 원론적인 물음에 도달하곤 했습니다. 그것은 원칙과 관심이 부족했기 때문입니다.

자전거를 타고 무악재를 넘어 남대문 시장에서 장사를 한 적이 있었습니다. 짐을 싣고 간 물건을 많이 팔고 돌아가는 날의 무악재는 낮아 보이고 발걸음 역시 가벼웠지만, 그러지 못할 경우의 날은 무악재가 백두산만큼이나 높아 보여 넘기가 힘겨웠고, 발걸음 또한 무겁기만 했던 기억이 새롭습니다. 전국에는 70여 만 개의 음식점이 있습니다. 대부분의 경영주들은 항상 어렵다고만 합니다. 아직도 희망은 있습니다.

음식점이란 정말 투자해 볼만한 가치가 있다고 확신합니다. 한해 국가 예산이 220조 원에 달합니다. 여기서 외식 산업이 차지하는 비중이 44조 원(20%)에 이릅니다. 이런 거대 산업임에도 불구하고 지금도 제대로 된 시스템을 발견하기란 그리 쉬운 일이 아닙니다. 외식업을 직접 현장에서 경험했고 또 강단에서 가르치는 입장에서 외식인의 한 사람으로 현실에 많은 책임감을 느낍니다.

치열한 경쟁 속에 살아남는 비결은 어디에 있을까? 그것은 다름 아닌 연구 노력이 필요하다는 것입니다. 때론 고3 수험생처럼 시간과 물질을 바탕으로 우리 점포만의 음식, 서비스, 판촉 전략 등 시스템과 메뉴 얼화하여 다른 경쟁 점포가 따라오지 못할 명품 음식점을 만들어 가야 합니다.

강병남 혜전대학교 호텔조리외식계열 교수
관광경영학 박사
(사)한국조리학회 수석부회장
(사)한국조리기능인협회 직전회장

머리말

얼마전 우연한 모임 자리에서 재미나는 이야기를 주고받은 적이 있습니다.

아주 유명한 설렁탕 집이 있었는데, 그 집의 노하우 비법은 아들도 모르고, 며느리도 모르는 비법이었습니다.

오직, 주인 할머니만 알 수 있는 비법이어서, 늘 주변 사람들이나, 아들·며느리도 뭔가 특별한 노하우 비법이 숨어 있을 거라는 생각을 하게 되었습니다.

많은 세월이 흘러 어느덧 주인 할머니가 마지막 임종을 앞두고, 아들에게 다음과 같은 노하우 비법을 전수하게 되었는데

"나의 설렁탕 노하우는..., 노하우 비법은 ~~ 조미료 세 바가지~~"

나는 이 이야기를 듣고는 박장대소를 하며 웃었습니다.

20여 년을 넘게 음식 연구와 개발, 벤치마킹, 그리고 오랜 시간을 유명한 프렌차이즈 본사 메뉴 컨설턴트로서 창업에 대한 메뉴와 스펙을 만드는 동안 많은 노하우 비법을 만들었지만, 결국에는 우리가 기대하는 아주 특별한 노하우 비법은 생각보다는 많지 않았습니다.

소상공인 진흥원에서 노하우 비법 컨설턴트로 활동하면서 많은 자영업자를 만나 상담하다보면, 안타까운 모습을 종종 볼 수 있었습니다. 마치 음식을 만드는 데 특별한 노하우가 없어서, 장사가 잘 안 된다고, 믿고 있으면서도 가장 기본인 전자저울 하나 갖추어 놓지 않고는 매장에 맞지도 않는 그저 남의 장사 잘 되는 음식의 노하우 비법만 알려 달라고 떼를 쓸 때가 종종 있었습니다.

참으로 안타까운 모습입니다.

음식의 노하우는 어찌 보면 단순한 두세 가지의 배합에서 나옵니다. 오늘날의 외식업은 몇 년 전의 창업 시장하고는 확연히 다른 노하우 비법만으로는 성공할 수 없는 시대입니다.

따라서 필자는 외식업을 준비하는 분들과 현재 외식업의 노하우 비법을 궁금해 하는 분들을 위해 그 동안 연구하고, 모아 두었던 가장 기본인 음식 맛의 비법을 외식 창업주들에게 조금이나마 도움이 되길 간절히 바라는 마음으로 노하우 비법 노트 책을 집필하게 되었습니다.

어렵게 준비한 노하우 비법 노트 책을 통하여, 필자가 당부하고 싶은 말은 첫째, 이 책을 기본 바탕으로 나만의 레시피를 연구하고 만들어, 운영하는 본인 매장의 노하우로 만들기를 바라며,

둘째, 주먹구구식의 레시피가 아닌, 정확한 계량을 원칙으로 노하우를 만들기 바라며,

셋째, 음식 맛이란 열 명이 먹어서 다 만족할 수 없으므로 약 70%가 만족하는 맛이 나오면 흔들리지 말고, 그 맛을 유지하여 추진력을 가지고 오픈하시길 바랍니다.

마지막으로 현시대에는 음식 맛만이 꼭 성공하는 것이 아니므로, 세상과 나의 주변과 내가 타협할 수 있어야만 창업의 성공을 맛 볼 수 있다라고 말하고 싶습니다.

부족한 부분이 많지만, 노하우 비법 노트 책으로 인해 외식업 점주님이나, 외식 창업을 준비하는 모든 분들에게 조금이나마 디딤돌이 되어 준다면 필자는 많은 보람을 느낄 수 있을 것입니다.

노하우 비법 책을 준비하기까지 많은 도움을 주신 성안당 출판사 호당 이 종춘 대표님과 최 옥현 국장님 외에 어려운 환경 속에서도 변함없이 촬영에 도움을 준 Photographer 김 현기 친구, 책을 집필하는 수 개월 동안 제대로 집안 살림을 돌보지 못해도 불평불만 없이 잘 지내준 소중한 가족들, 처음 노하우 비법 노트 책을 집필할 수 있도록 우연한 인연을 만들어 주신 김 태곤 국장님, 노원구 장애인 총연합회 이 홍주 회장님과 혜전대학교 호텔 외식 계열 최고의 강 병남 교수님 외 저를 아낌없이 지원해 주신 모든 분들께 이 지면을 통하여 감사의 마음을 전합니다.
향후 저는 많은 분들의 도움으로 한 걸음씩 나아가 우리 나라의 외식 창업에 조금이나마 이바지할 수 있도록 끝없는 연구와 개발에 앞장서는 것이 아낌없이 도움 주신 모든 분들의 뜻이라 생각하며, 더욱 전진할 수 있도록 노력하겠습니다.
끝으로 노하우 비법 노트 책을 읽어 보시는 모든 외식 창업자 여러분, 현재 외식 창업이란 과거의 외식 창업하고는 확연히 다르며, 경쟁자가 더 많고 더 힘든 시절입니다. 이러한 어려운 시기일수록 그 속에 기회가 있다는 것을 명심하시길 바라며, 힘들고 어려울 때 노하우 비법 노트 책이 조금이라도 도움이 되길 간절히 바랍니다.
외식 창업을 준비하시는 분들이나 현재 외식 창업을 시작한 모든 창업자 여러분~~
늘 긍정적인 마인드로 힘내시고, 여러분의 외식 창업이 꼭 성공하시길 바라겠습니다.
감사합니다.

국가 조리 기능장
외식과 창업 더포토 원장 **장 형심**

Contents

추천사   004

머리말   006

노하우 비법 노트 책의 장·단점에 대하여   011

외식 창업 프로세스 사업 계획서 의의 및 작성 방식   012

나의 사업 계획서 작성해 보기   014

필수! 창업하기 전, 31가지 이것만큼은 꼭 체크해 보자   016

창업에 대한 기본 절차   018

일반음식점 영업 시설의 기준   022

외식 창업에 필요한 서류 절차에 대하여 체크해 보기!   027

매장에 필수! 일일 체크하는 습관을 길들이자   028

![노하우 비법 노트 스페셜 메뉴]

노하우 비법 노트 스페셜 메뉴

1. 소고기 양념 갈비   032

2. 석쇠 불고기   034

3. L.A 갈비구이   036

4. 돼지 왕갈비구이   038

5. 불 닭발구이   040

6. 오돌뼈구이   042

7. 안동찜닭   044

8. 매운 양푼 갈비찜   046

9. 돼지 갈비찜   048

10. 해물 떡찜   050

11. 무교동 낙지볶음   052

12. 소고기 샤브샤브   054

13. 보쌈   056

14. 보쌈 김치   058

15. 춘천 닭갈비   060

16. 불낙전골   062

17. 곱창전골   064

18. 황태 콩나물국   066

19. 옛날 육개장   068

20. 순대국   070

21. 삼계탕   072

22. 오리 영양 백숙   074

23. 녹두 삼계탕   076

24. 통감자 닭 볶음탕   078

25. 우럭 매운탕   080

26. 묵은지 감자탕   082

27. 뼈 해장국   084

28. 설렁탕   086

29. 사골 부대찌개   088

30. 순두부 찌개   090

31. 묵은지 고등어조림　092

32. 바지락 칼국수　094

33. 닭 한마리칼국수　096

34. 들깨 수제비　098

35. 잔치국수　100

36. 야채 비빔국수　102

37. 쟁반 막국수　104

38. 물냉면　106

39. 비빔냉면　108

40. 왕만두　110

41. 보리 비빔밥　112

42. 우렁 쌈　114

43. 보쌈 정식　116

44. 간장 게장 정식　118

45. 새우 영양죽　120

46. 골뱅이 소면　122

47. 불 곱창볶음　124

48. 참치 고추장구이 샐러드　126

49. 파인애플 보트 과일 샐러드　128

50. 황도 아이스　130

51. 나쵸 깐풍기　132

52. 햄 두부 김치　134

53. 통두부 낙지볶음　136

54. 야채 족발 냉채　138

55. 왕 조개 야채 찜　140

56. 화산 달걀 탕　142

57. 족발　144

58. 백 김치 속 양념　146

59. 겉절이 양념　148

60. 동치미 물김치 양념　120

메뉴와 어울리는 찬류와 소스

1. 샤브샤브에 어울리는 소스 4종　154

2. 꽈리고추찜　156

3. 연두부 간장　157

4. 풋고추 된장 무침　158

5. 부추 야채 샐러드　159

6. 우엉조림　160

7. 고추 무 생채　161

8. 단호박 조림　162

9. 감자 잡채　163

10. 콩나물 겨자채　164

11. 땅콩조림　165

12. 과일 야채 샐러드　166

13. 메추리알조림　167

14. 마늘조림　168

15. 오이냉국　169

16. 두부 김치볶음　170

17. 즉석 잡채　171

18. 조개젓 무침　172

19. 묵은지 볶음　173

육수 만들기

24종 육수 만들기　174

노하우 비법 노트 책의 장·단점에 대하여

1. 노하우 비법 노트 책의 장점을 간략히 설명하면 다음과 같습니다.

하나. 업소에서 사용할 수 있는 메뉴 비법에 중점을 두었습니다.

두울. 메뉴에 맞는 식재료의 사용량을 그램으로 표기하고, 원가 계산을 할 수 있도록 준비했습니다.

셋. 소스 및 양념을 제대로 만들 수 있도록 그램(g)으로 표기하고, 개개인이 본인의 노하우 비법을 연구하고 만들 수 있도록, 양념과 소스 매뉴얼을 별도로 표기했습니다.

넷. 복잡한 방식보다는 간략하게 만드는 방식으로 중요한 노하우 비법만 담았습니다.

다섯. 여러 가지로 응용할 수 있도록 같은 메뉴라도 소스와 양념 만드는 법이 각각 조금씩 다르게 만들었습니다.

여섯. 수백 가지의 메뉴를 종류별로 나누어 4권으로 만들었고, 이 중 스페셜 메뉴만을 엄선하여 합본호 한권으로 정리하고, 필요한 부분만 구입 후 배울 수 있도록 정리했습니다.

2. 노하우 비법 노트 책의 단점은 다음과 같았습니다.

하나. 일반 요리책과는 다르게 만드는 과정을 자세히 설명하지 않았습니다.

두울. 전문 서적의 책으로 구성되어, 초보자에게는 다소 어려운 부분이 있습니다.

셋. 각각의 식재료 회사의 저작권에 의해 재료 명칭은 명시되지 않았습니다.

　예시) 소고기 분말 / 조미료 / 사골 엑기스 등등

노하우 비법 노트 책에 나와 있는 소고기 분말 / 조개 분말 / 사골 엑기스 등등 기타 친밀한 재료도 있지만, 생소한 재료명도 기재되어 독자들에게는 다소 어려움이 있을 거라는 생각이 듭니다.

노하우 비법 노트에 사용되는 재료의 명칭을 하나하나 넣고 싶었으나, 각각 회사들의 상호 저작권에 의해 사용할 수 없었던 점을 깊이 이해하시길 바랍니다.

따라서, 노하우 비법 노트 책을 참고삼아 식재료에 대해 연구하고, 나만의 노하우 비법을 만들 수 있는 좋은 기회라고 긍정적으로 생각해 주신다면 감사하겠습니다.

늘 연구하고 노력하는 모습으로 여러분 곁에 가까이 서 있겠습니다.

외식 창업 프로세스
사업 계획서 의의 및 작성 방식

1. 사업 계획서의 의의

외식 사업이 점점 더 많은 변화가 있는 현시대에는 창업 시장에서 성공 여부를 판단할 수 있는 가장 기본 바탕이 되는 것이 바로 사업 계획서입니다.

아무런 계획 없이 무작정 창업을 준비하는 것보다는 꼼꼼히 사업 계획서를 작성하고, 무엇이 부족하고, 무엇을 할 것인지, 어떤 것이 나에게 맞는지에 대하여 다시 한 번 더 점검할 수 있습니다.

창업 사업 계획서는 다음과 같은 틀에서 작성을 하고, 부족한 부분을 채워 나아갈 수 있도록 합니다.

2. 외식 창업 프로세스 사업 계획서 작성하기

1) 창업 현황
가. 업소 개요(업체명 / 업태 및 종목 / 사업장 장소 / 사업장 현황 소유)
나. 창업자 인적 사항(성명 / 주소 / 주민번호 / 최종학력 / 경력사항 / 특기사항)

2) 사업 계획
가. 창업 동기
나. 사업 내용
다. 메인 메뉴 및 사이드 메뉴
라. 매장의 차별화 전략 계획
마. 시설 및 개업 절차 계획
바. 종업원 채용 계획
사. 홍보 전략 및 판촉 마케팅 계획

3) 소요 자금 및 조달 계획
가. 창업 소요 자금
나. 자금 조달 계획 및 방법
다. 홍보·마케팅 비용 계획

4) 입지 및 상권 분석

가. 입지 계획

나. 상권 분석

5) 시장 현황 및 전망

가. 현시장 현황

나. 경쟁 업체 현황과 가격 및 핵심 경쟁 요소 분석

6) 매출 추정 및 손익 계산서

가. 투자 계획서

나. 추정 손익 분기점

다. 손익 산출 내역

라. 타당성 분석

나의 사업 계획서 작성해 보기

1. 창업 현황

가. 업체 개요	
업체명	
업태 및 종목	
사업장 장소	
사업장 현황 소유	
나. 창업자 인적 사항	
성명	
주소	
주민번호	
최종학력	
경력사항	
특기사항	

2. 사업 계획

가. 업체 개요	
나. 사업 내용	
다. 메인 메뉴 및 사이드 메뉴	
라. 매장의 차별화 전략 계획	
마. 시설 및 개업 절차 계획	
바. 종업원 채용 계획	
사. 홍보 전략	
아. 판촉물·마케팅 계획	

3. 소요 자금 및 조달 계획

가. 창업 소요 자금	
나. 자금 조달 계획 및 방법	
다. 홍보·마케팅 비용 계획	

4. 입지 및 상권 분석

가. 입지 계획	
나. 상권 분석	

5. 시장 현황 및 전망

가. 현시장 현황	
나. 경쟁 업체 현황 및 가격	
다. 경쟁 업체 핵심 분석	

6. 매출 추정 및 손익 계산서

가. 투자 계획	
나. 추정 손익 분기점	
다. 손익 산출	
라. 타당성 분석	

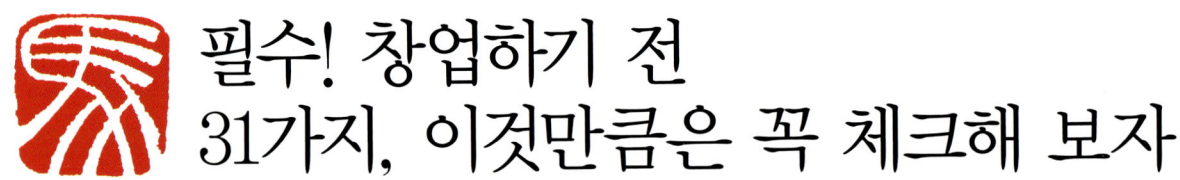

필수! 창업하기 전
31가지, 이것만큼은 꼭 체크해 보자

1. 필수! 외식 창업하기 전 31가지, 이것만큼은 꼭 체크해 보자

1. 창업 자금은 자기 자본으로 준비했는가?	
2. 외식업에 대하여 기본 지식은 있는가?	
3. 고객들이 원하는 외식 음식의 요구 파악이 충분한가?	
4. 외식 창업에 대한 컨셉트는 정했는가?	
5. 나에게 긍정적인 마인드가 충분한가 ?	
6. 창업하기 전 가족들과 원만한 의논을 했는가?	
7. 평소 외식 창업에 대한 경험 및 적성이 맞는가?	
8. 마라톤을 달릴 수 있는 강한 의지가 있는가?	
9. 사업 계획은 충분히 세웠는가?	
10. 창업에 대한 차별화된 전략을 세웠는가?	
11. 외식 창업 전문가와 상담을 했는가?	
12. 창업 후 3개월 정도 유지할 수 있는 비용은 준비되어 있는가?	
13. 과도한 대출을 받지 않았는가?	
14. 발로 뛰면서 상권 조사를 해 보았는가?	
15. 인터넷이나 이론적 강의, 본인 고집으로만 창업을 준비했나?	
16. 외식 창업을 쉽게 생각해 본적은 없는가?	
17. 프렌차이즈 본사를 하겠다는 꿈만 꾸고 창업을 시작하지는 않았는가?	
18. 유사 업종에 대한 경력은 충분한가?	
19. 마땅히 할 것이 없어서 창업을 준비하지는 않았나?	
20. 남들이 외식 창업을 해서 성공한다는 얘기에 시작하지는 않았나?	
21. 3~4개월 이상 창업 준비 기간을 가졌는가?	
22. 성급한 마음으로 창업에 대한 촉박한 계약을 하려고 했는가?	
23. 외식 창업의 사회적 흐름에 대하여 파악을 했는가?	
24. 단순히 유행하는 아이템을 선정하지는 않았나?	

25. 현 사업장 인수 시 과도한 권리금에 대하여 한 번 더 계산해 보았나?	
26. 호화스러운 상권에 현혹되어 무리한 투자를 하지는 않았는가?	
27. 계약 전 업소의 인허가 사항에 대하여 다시 점검해 보았는가?	
28. 외식 창업에 대하여, 현실적인 목적을 세웠는가?	
29. 자본 부족으로 인해 동업을 준비하는가?	
30. 음식에 대하여 기본 지식도 없이 주방장만 믿고 시작하는가?	
31. 외식 창업 노하우 만큼은 내가 만들어야 된다는 생각이 있는가?	

외식과 창업을 운영하면서, 수많은 예비 창업자 및 현재 창업 운영 중인 업주분들과의 상담을 주고 받은 적이 많았습니다.

예비 창업자들은 현실성이 부족한 부분이 많았고, 현재 창업자 분들은 현실성을 뒤늦게 알고도, 부족한 부분에 대하여 보충을 하는 것보다는 가능성 없는 부분에 미련을 못버리는 습관이 있다는 것을 알게 되었습니다.

한 때는 외식업으로 인해 쉽게 돈을 벌던 시절이 있었으나, 하루가 다르게 변하는 요즘 세상은 그 시절을 먼 옛날 얘기라고 해도 과언은 아닙니다.

인터넷이 보급되고, 걸어 다니면서도 스마트하고, 빠르게 정보를 알 수 있는 현대에는 어떠한 것으로 창업을 했더니 성공했더라 ~~ 하고 소문이 나면, 급속도로 창업이 늘어나는 세상이 되어 버렸습니다.

어느 거리를 걸어가 보면, 커피 전문점이 하나둘 생기더니, 하루 아침에 카페 거리가 형성이 되어 있습니다. 흔히 나눠 먹기 상권이 성립된 것입니다.

이러한 현실에 우리는 살고 있고, 수많은 예비 창업자들은 성공하는 창업을 꿈꾸고 있습니다.

1년에 창업을 준비하고, 창업을 시작하는 인구가 전국 80만 명쯤 된다는 이야기를 전해 들은 적이 있습니다. 과연 그 많은 예비 창업자들이 다 성공할 수 있을까?

꿈을 꾸고, 창업을 한다는 것은 참으로 아름답고, 멋진 일인 것은 분명합니다.

하지만, 반드시 현실에 맞게 창업을 준비하기 위하여 한 번쯤 되짚어 보는 것도 중요하다는 생각이 들어, 오랜 경험을 바탕으로 외식 창업을 준비하고 계신 예비 창업자들에게 미력하나마 작은 도움이 되길 간절히 바라는 마음으로 **필수! 외식 창업 하기 전, 31가지 이것만큼은 꼭 체크해 보자**를 만들었습니다.

외식 창업하기 전 반드시 체크해 보시길 바랍니다.

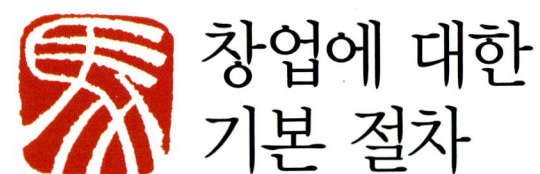

창업에 대한 기본 절차

1. 창업에 대한 기본 절차

창업을 하기 전 창업 환경은 어떠하고 창업자의 자질과 적성은 맞는지.. 창업 자금의 규모는 얼마로 할 것이며 어떤 업종으로 사업을 할 것인지.. 사업성은 있는지.. 인·허가 사항과 회사 설립 절차는 어떻게 하는지 등 창업 전반에 대한 절차를 이해해야 창업을 효율적으로 할 수 있습니다.

이러한 절차를 이해하지 못한 경우에는 창업 기간이 지연되고 창업 과정에서 엄청난 고생을 해야 합니다. 따라서 창업자는 철저한 사업 준비와 더불어 효율적인 창업 과정을 이해하고 숙지하며 성공 창업으로 이끌어야 합니다.

2. 일반적인 창업 절차

창업 환경 검토 → 창업자 적성 검사 → 투자 규모 결정 → 아이템 및 검토 → 사업의 형태 결정 → 사업 타당성 분석 → 사업 계획서 작성 → 인·허가 사항 검토 → 개업 준비 → 오픈

3. 창업의 단계별 검토 내용

1) 창업 환경 검토
창업자는 창업전 창업 환경을 파악할 필요가 있습니다. 창업을 왜 하는가에 대한 방향 설정과 창업을 하기에 적합한 여건이 조성되어 있는지 그리고 창업 및 경영에 대한 이론이 학습되어 있는지를 점검해야 합니다. 창업은 마치 자전거를 타고 달리는 것과 같습니다. 자전거에 올라타면 계속 앞으로 달려야 합니다. 달리지 않으면 쓰러지듯 창업도 이와 마찬가지입니다.

2) 창업자 적성 검사
바보는 천재를 이길 수 없고 천재는 노력하는 사람을 이길 수 없고 노력하는 사람은 즐기면서 일하는 사람을 이길 수 없다고 합니다. 즉 자기 적성에 맞는 아이템 선택이 성공 창업을 가져온다는 이야기입니다. 성공적인 창업은 주어지는 것이 아니라 만드는 것입니다.

많은 전문가들은 창업의 성공 여부를 개인의 기질과 밀접한 관계가 있다고 합니다. 그렇다면 나에게는

창업의 기질이 있는가? 사람은 누구나 스스로 내리는 결정에 따라 성장해 나갑니다. 바로 그 결정이 자기 곁에 있는 기회를 잡을 수도 있고 놓칠 수도 있습니다.

자기의 잠재력을 발휘해 나감으로써 매일매일 즐거움을 찾아낼 수 있을 것입니다. 그러기 위해서는 우선 나의 적성을 검사할 필요가 있습니다. 인간의 직업 적성을 탐색하기 위해서는 크게 3가지로 나눌 수 있습니다.

가. 능력을 중심으로 측정하는 직업 적성 검사

나. 흥미 중심의 직업 적성 검사

다. mbti(성격 유형 검사)

3) 투자 규모의 결정

창업을 추진하기 위해서는 동원 가능한 자금의 규모와 실제 투자할 자금 규모를 결정하여야 합니다. 도·소매업이나 서비스업에 비해 제조업이 더 많은 자금을 필요로 합니다. 또한 도·소매업의 경우에도 취급 상품이나 점포 규모 등에 따라 자금 규모는 많은 차이가 있습니다. 서비스업의 경우에도 서비스업의 종류와 유형에 따라서 적은 자본이 필요한 경우가 있는가하면 도·소매업에 비해서 훨씬 많은 자금이 소요되는 경우도 흔히 있습니다.

4) 아이템 탐색 및 검토

아이템 선정은 창업의 가장 중요한 요소입니다. 중소기업청에서 창업 실패 사례를 조사한 결과 1위가 바로 아이템 선정이 잘못되었다는 것입니다. 어떤 제품을 팔 것인가? 하는 실질적인 사업 내용을 결정하는 것으로 창업을 하려는 사람의 전공과 적성, 취미, 자금 능력, 주변 여건 등을 충분히 고려한 후 업종 및 아이템을 선택하여야 합니다.

5) 사업 타당성 분석

사업 타당석 분석이란 추진하려는 사업을 체계적으로 점검하여 성공 가능성이 없는 사업은 포기하고 실패 요인을 사전에 제거하여 추후 발생할 손실을 예방하기 위한 분석을 말합니다. 사업 타당성 분석은 신규 사업에 있어서는 필수적인 작업입니다. 즉 사업 타당성 분석은 창업을 하기 위해서는 반드시 거쳐야 하는 첫번째 관문입니다.

중소기업은 물론이고 소규모 개인사업이라도 필수적으로 작성해야 합니다. 왜냐하면 추진하고자 하는

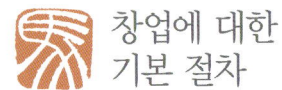
사업이 객관적이고 체계적이라는 것을 검증하기 위한 것이기 때문이고 본인이 할 수 없으면 비용을 들여서라도 외부 전문가와 제 3자에게 최종 검토를 의뢰하는 것이 바람직합니다.

6) 사업 계획서 작성

사업 계획서는 추진할 구체적인 사업 내용과 세부 일정 계획 등을 기록해 놓은 것으로 창업 과정에 있어서 계획 사업에 관련된 제반 사항을 담고 있습니다. 사업 계획서는 창업자 자신을 위해서는 사업 성공의 가능성을 높여주는 동시에 계획적인 창업을 가능케 하며 창업 기간을 단축시켜 주고 창업에 도움을 줄 제 3자 즉 출자자, 금융 기관, 매입처 더 나아가 일반 고객에 이르기까지 투자의 관심 유도와 설득 자료로 활용도가 매우 높습니다.

최근 정부에서도 각종 금융 기관이나 투자 기관들을 통해 중소기업을 위한 금융 지원의 폭을 넓히고 있습니다.

7) 인·허가 검토 사항

창업자는 창업 전 추진 사업에 대한 인·허가 사항이 필요한지를 확인해야 합니다. 허가를 받지 않고 사업을 하는 경우 각종 행정 규제를 받게 됨은 물론 법을 어기는 결과를 초래하게 됩니다.

8) 개업 준비 및 오픈

위의 과정을 거친 후 사업 계획서의 추진 일정에 따라 개업을 해야 합니다. 법인의 경우 먼저 법인 등기를 한 후 사업자 등록을 신청해야 합니다.

(한국 외식업 중앙회 자료 제공)

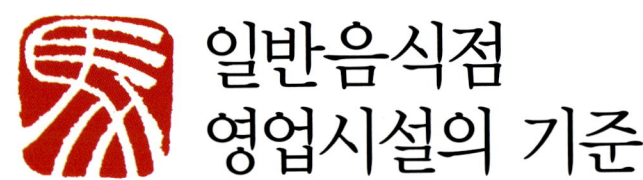

일반음식점 영업시설의 기준

일반음식점 영업신고를 하기 위해서는 영업에 필요한 시설을 갖춘 후 영업신고서와 「식품위생법 시행규칙」 제27조 제1항에서 정한 서류를 첨부하여 신고관청에 제출해야 합니다.

1. 일반음식점 영업의 시설기준

일반음식점 영업을 하기 위해서는 「식품위생법」 제36조, 「식품위생법 시행규칙」 제36조 및 별표 14에서 정하고 있는 식품접객업의 공통시설기준과 업종별 시설기준에 적합한 시설을 갖추어야 합니다.

2. 식품접객업(일반음식점) 공통시설기준

일반음식점을 포함하여 식품접객업에 공통적으로 적용되는 시설기준은 다음과 같습니다.

3. 공통시설기준(식품접객업)

일반음식점을 포함하여 식품접객업에 공통적으로 적용되는 시설기준은 다음과 같습니다.

1) 영업장
독립된 건물이거나 식품접객업의 영업허가 또는 영업신고를 한 업종 외의 용도로 사용되는 시설과 분리되어야 합니다. 다만, 일반음식점에서 「축산물위생관리법 시행령」 제21조 제7호 가목의 식육판매업의 영업을 하려는 경우에는 분리되지 아니하여도 됩니다.

가. 영업장은 연기·유해가스 등의 환기가 잘 되도록 해야 합니다.

나. 음향 및 반주시설을 설치하는 영업자는 영업장 내부의 노래소리 등이 외부에 들리지 아니하도록 방음장치를 해야 합니다.

다. 공연을 하고자 하는 휴게음식점·일반음식점 및 단란주점의 영업자는 무대시설을 영업장안에 객석과 구분되게 설치하되 객실 안에 설치해서는 아니 됩니다.

2) 조리장

조리장은 손님이 그 내부를 볼 수 있는 구조로 되어 있어야 합니다. 다만, 영 제7조 제8호 바목에 의한 제과점영업소로서 동일 건물 안에 조리장을 설치하는 경우와 「관광진흥법 시행령」 제2조 제1항 제2호 가 목 및 같은 항 제3호 마목에 따른 관광호텔업 및 관광공연장업의 조리장의 경우에는 그러하지 않습니다.

가. 조리장 바닥에 배수구가 있는 경우에는 덮개를 설치해야 합니다.

나. 조리장 안에는 취급하는 음식을 위생적으로 조리하기 위하여 필요한 조리시설·세척시설·폐기물용기 및 손씻는 시설을 각각 설치해야 하고, 폐기물용기는 오물·악취 등이 누출되지 아니하도록 뚜껑이 있고 내수성 재질로 된 것이어야 합니다.

다. 1인의 영업자가 하나의 조리장을 2이상의 영업에 공동으로 사용할 수 있는 경우는 다음과 같습니다.

❶ 동일건물 안의 같은 통로를 출입구로 사용하여 휴게음식점·제과점영업 및 일반음식점영업을 하려는 경우

❷ 「관광진흥법 시행령」에 따른 전문휴양업, 종합휴양업 및 유원시설업 시설 내의 동일한 장소에서 휴게 음식점·제과점영업 또는 일반음식점영업 중 2이상의 영업을 하려는 경우

❸ 일반음식점 영업자가 일반음식점의 영업장과 직접 접한 장소에서 도시락류를 제조하는 즉석 판매제 조·가공업을 하려는 경우

❹ 제과점 영업자가 식품제조·가공업의 제과·제빵류 품목을 제조·가공하려는 경우

❺ 제과점영업자가 기존 제과점의 영업신고관청과 같은 관할 구역에서 5킬로미터 이내에 둘 이상의 제 과점을 운영하려는 경우

• 조리장에는 주방용 식기류를 소독하기 위한 자외선 또는 전기살균소독기를 설치하거나 열탕세척소독 시설(식중독을 일으키는 병원성 미생물 등이 살균될 수 있는 시설이어야 합니다. 이하 같다)을 갖추어 야 합니다.

• 충분한 환기를 시킬 수 있는 시설을 갖추어야 합니다. 다만, 자연적으로 통풍이 가능한 구조의 경우 에는 그러하지 않습니다.

• 식품 등의 기준 및 규격 중 식품별 보존 및 보관기준에 적합한 온도가 유지될 수 있는 냉장시설 또는 냉동시설을 갖추어야 합니다.

3) 급수시설

수돗물이나 「먹는물관리법」 제5조에 따른 먹는물의 수질기준에 적합한 지하수 등을 공급할 수 있는 시 설을 갖추어야 합니다.

- 지하수를 사용하는 경우 취수원은 화장실·폐기물처리시설·동물사육장 기타 지하수가 오염될 우려
  가 있는 장소로부터 영향을 받지 아니하는 곳에 위치해야 합니다.

4) 화장실

화장실은 콘크리트 등으로 내수처리를 해야 합니다. 다만, 공중화장실이 설치되어 있는 역·터미널·유원
지 등에 위치하는 업소, 공동화장실이 설치된 건물 내에 있는 업소 및 인근에 사용하기 편리한 화장실
이 있는 경우에는 따로 화장실을 설치하지 아니할 수 있습니다.

가. 화장실은 조리장에 영향을 미치지 아니하는 장소에 설치해야 합니다.

나. 정화조를 갖춘 수세식 화장실을 설치해야 합니다. 다만, 상·하수도가 설치되지 아니한 지역에서는
　수세식이 아닌 화장실을 설치할 수 있습니다.

다. 수세식이 아닌 화장실을 설치하는 경우에는 변기의 뚜껑과 환기시설을 갖추어야 합니다.

라. 화장실에는 손을 씻는 시설을 갖추어야 합니다.

4. 공통시설기준의 적용특례

1) 다음의 경우에는 공통시설기준에 불구하고 시장·군수 또는 구청장(시·도에서 음식물의 조리·판매
　행위를 하는 경우에는 시·도지사)이 시설기준을 따로 정할 수 있습니다.

가. 「전통시장 및 상점가 육성을 위한 특별법」 제2조 제1호에 따른 전통시장에서 음식점영업을 하는 경우

나. 해수욕장 등에서 계절적으로 음식점영업을 하는 경우

다. 고속도로·자동차전용도로·공원·유원시설 등의 휴게장소에서 영업을 하는 경우

라. 건설공사현장에서 영업을 하는 경우

마. 지방자치단체 및 농림수산식품부장관이 인정한 생산자단체 등에서 국내산 농·수·축산물의 판매촉
　진 및 소비홍보 등을 위하여 14일 이내의 기간에 한하여 특정 장소에서 음식물의 조리·판매행위를
　하고자 하는 경우

2) 농어촌체험·휴양마을 사업자가 농어촌체험·휴양프로그램에 부수하여 음식을 제공하는 경우에는
　「도시와 농어촌 간의 교류촉진에 관한 법률」 제10조의 영업시설기준을 따릅니다.

3) 다음의 경우에는 각 영업소와 영업소 사이를 분리 또는 구획하는 별도의 차단벽이나 칸막이 등을 설치하지 아니할 수 있습니다.

가. 백화점, 슈퍼마켓 등에서 휴게음식점영업 또는 제과점영업을 하고자 하는 경우

나. 음식물을 전문으로 조리하여 판매하는 백화점 등의 일정장소(식당가)에서 휴게음식점영업·일반음식점영업 또는 제과점영업을 하고자 하는 경우로서 위생상 위해발생의 우려가 없다고 인정되는 경우

5. 업종별 시설기준(일반음식점)

1) 객실

가. 잠금장치 : 일반음식점의 객실에는 잠금장치를 설치할 수 없습니다.

나. 특수조명시설 : 일반음식점의 객실 안에는 무대장치, 음향 및 반주시설, 우주볼 등의 특수조명시설을 설치해서는 안 됩니다.

2) 칸막이

가. 객석에는 높이 1.5미터 미만의 칸막이(이동식 또는 고정식)를 설치할 수 있습니다.

나. 이 경우 2면 이상을 완전히 차단하지 아니해야 하고, 다른 객석에서 내부가 서로 보이도록 해야 합니다.

3) 안전시설 등

가. 영업장으로 사용하는 바닥면적(「건축법 시행령」 제119조 제1항 제3호에 따라 산정한 면적을 말함)의 합계가 100제곱미터(영업장이 지하층에 설치된 경우에는 그 영업장의 바닥면적 합계가 66제곱미터) 이상인 경우에는 「다중이용업소의 안전관리에 관한 특별법」 제9조 제1항에 따른 소방시설 등 및 영업장 내부 피난통로 그 밖의 안전시설을 갖추어야 합니다. 다만, 영업장(내부계단으로 연결된 복층구조의 영업장은 제외)이 지상 1층 또는 지상과 직접 접하는 층에 설치되고 그 영업장의 주된 출입구가 건축물 외부의 지면과 직접 연결되는 곳에서 하는 영업을 제외합니다.

단, 일반음식점 영업장에는 손님이 이용할 수 있는 자막용 영상장치 또는 자동반주장치를 설치해서는 아니 됩니다. 다만, 연회석을 보유한 일반음식점에서 회갑연, 칠순연 등 가정의 의례로서 행하는 경우에는 그렇지 않습니다.

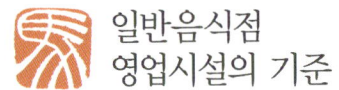

다. 기차·자동차·선박·유선장·도선장 또는 수상레저사업장을 이용하는 경우

기차·자동차·선박 또는 수상구조물로 된 유선장·도선장 또는 수상레저사업장을 이용하는 경우 다음 시설을 갖추어야 합니다.

❶ 1일의 영업시간에 사용할 수 있는 충분한 양의 물을 저장할 수 있는 내구성이 있는 식수탱크

❷ 1일의 영업시간에 발생할 수 있는 음식물 찌꺼기 등을 처리하기에 충분한 크기의 오물통 및 폐수탱크

❸ 음식물의 재료(원료)를 위생적으로 보관할 수 있는 시설

라. 영업장 넓이가 150제곱미터 이상인 일반음식점영업소는 「국민건강증진법」 제9조 제4항에 따라 해당영업소 전체를 금연구역으로 지정하거나 영업장 면적의 2분의 1 이상을 금연구역으로 지정해야 합니다.

적합한 시설을 갖추지 못한 경우.

3) 시설의 개수명령

가. 시장·군수·구청장은 영업자에 대하여 그 영업시설이 「식품위생법」 제36조, 「식품위생법 시행규칙」 제36조 및 별표 14에 따른 시설기준에 적합하도록 기간을 정하여 개수를 명할 수 있습니다(「식품위생법」 제74조 제1항).

나. 건축물의 소유자와 영업자 등이 다른 경우 건축물의 소유자는 시설개수명령에 따른 시설의 개수에 최대한 협조해야 합니다(「식품위생법」 제74조 제2항).

다. 위 시설개수명령에 따르지 않는 영업자는 500만원 이하의 과태료를 부과받게 됩니다(「식품위생법」 제101조 제2항 제8호).

4) 형사처벌

가. 「식품위생법」 제36조에 따른 시설기준에 위반한 영업자는 3년 이하의 징역 또는 3천만원 이하의 벌금에 처해집니다(「식품위생법」 제97조 제4호).

(한국 외식업 중앙회 자료 제공)

외식 창업에 필요한 서류 절차에 대하여 체크해 보기!

1. 외식 창업 인·허가 절차에 관한 준비 및 체크 사항 점검하기

1. 영업 장소 건물의 용도가 근린생활 시설 일반음식점으로 되어 있는지 소재지 관할 구청 지적과에 건축물 대장을 확인했나?	
2. 영업장 면적에 따른 정화조 용량이 정확한지 소재지 관할 구청 청소 행정과에서 확인이 되었는가?	
3. 병원 또는 보건소에서 본인외 종업원/아르바이트생 등등 보건증을 발급받았나?	
4. 음식업 협회에서 식품 접객업 위생교육을 받고, 위생교육 필증을 교부받았나?	
5. 액화석유가스 사용완성 검사필증을 교부받았나?	

2. 영업신고하기

1. 구비 서류	위생교육필증 / 보건증 / 액화석유가스 사용완성 검사필증 / 교동채권 / 매입필증 / 수입증지(28,000원) / 면허세(18,000원)
2. 영업신고 소재지	관할 구청의 환경 위생과(영업신고 후 영업 허가증 교부받기)

3. 사업자 등록하기

1. 사업자 등록기관	관할 소재지 세무서
2. 구비 서류	개인사업자 등록신청서 1부(세무서 비치) / 임대차 계약서 / 사업 허가증(영업허가증 사본 1부)
3. 사업자 등록기간	음식점 영업신고 후 사업을 시작한 날 20일 이내 및 사업개시 전 신청가능함.

일일 체크하는 습관을 길들이자

하루하루 체크하는 습관으로 식재료의 재고를 알아보고, 위생 점검 및 주방 관리 안전을 점검해 봅니다.

하루하루 체크하는 위생 점검표

월   일 (요일)   체크 담당자 :

점검 체크 항목	점검 리스트	결 과
개인 위생 점검	1. 위생복 / 위생모 / 앞치마 / 머리 / 깨끗한가?	
	2. 안전화는 깨끗하고, 바르게 신고 있는가?	
	3. 손톱에 매니큐어 / 악세사리 상태는?	
	4. 손에 상처 또는 손톱 길이는?	
주방 및 주변 환경 위생 점검	1. 주방 바닥 트렌치 청소가 잘 되어 있는가?	
	2. 배수가 제대로 되고 있는가?	
	3. 냉장고 / 냉동고 온도가 맞게 유지되고 있는가?	
	4. 냉장고 정리와 청소 및 야채가 투명봉투에 담겨져 있는가?	
	5. 행주 / 칼 / 장갑 / 도마는 일일 소독을 하고 있는가?	
	6. 음식 세척용 고무장갑과 청소용 고무장갑이 분리되어 있는가?	
	7. 음식물 쓰레기통이 깨끗이 닦여 있는가?	
	8. 식기 세척기 물은 하루 세 번 이상 바꿔주는가?	
식재료 및 양념류 유통 기한	1. 양념류에 대한 유통 기한은 확인했는가?	
	2. 사용하고 남은 캔 제품의 보관 방법은 정확히 알고 있는가?	
	3. 식재료의 보관 상태는?	
	4. 재고로 남은 식재료의 보관 상태 및 사용 기한을 알고 있나?	
	5. 각각 통에 옮겨 담은 양념류에 대하여 유통 기한 표시를 했나?	
	6. 냉장이 필요 없는 양념류는 올바른 보관 방법을 선택했나?	
	7. 밀가루 및 설탕 기타 양념에 뚜껑이 바르게 덮어져 있는가?	
기타 사항	1. 보건증 유효기간 1개월 단위로 확인했나?	
	2. 하루하루 위생 점검표를 체크하는가?	
그 외 자체적으로 체크 리스트 항목 넣기		

하루하루 식재료 체크하는 검수표

월   일 (요일)   체크 담당자 :

식재료 및 공산품	체크 리스트 품목	상태			전달 사항
주 재료		상	중	하	
부 재료		상	중	하	
생선류		상	중	하	
육류		상	중	하	
과일류		상	중	하	
건어물		상	중	하	
생선류		상	중	하	
두부		상	중	하	
달걀		상	중	하	
김치류		상	중	하	
쌀 및 잡곡류		상	중	하	
주 야채류		상	중	하	
부 야채류		상	중	하	
고춧가루		상	중	하	
고추장		상	중	하	
간장		상	중	하	
기타 양념류		상	중	하	
각종 공산품		상	중	하	
구매 사항					
재고 현황					
기타 의견					

노하우 비법 노트
스페셜 메뉴

소고기 양념 갈비

소고기 양념 갈비 배합비

재료	중량	원가 산출
생수 또는 끓여서 식힌 물	3kg	
간장	800g	
감초	5g	
백설탕	800g	
흰물엿	100g	
조미료	15g	
검은 후춧가루	10g	
곱게 갈은배	1kg	
곱게 갈은 통깨가루	30g	
곱게 갈은 양파	100g	
커피 가루	3g	
카라멜 소스	10g	
소주	80g	
갈은 마늘	200g	
참기름	30g	

● 소고기 양념 배합하기

1. 생수를 정량으로 준비하여 저울에 잰다.
2. 배는 믹서기를 이용하여 곱게 갈아서 준비한다.
3. 볶은 통깨도 분마기를 이용하여 곱게 갈아서 준비한다.
4. 소고기 양념 갈비 배합비에 나온 재료를 저울에 하나씩 정량으로 재서 모든 재료를 믹싱하고, 손질된 소갈비에 붓고 6시간 후 되말기를 한다.
5. 소갈비는 되말기를 한 후 48시간 냉장 숙성 후 사용할 수 있다.

※ 재료는 소갈비 약 100대를 재울 수 있는 배합비이다.

소갈비는 대부분 소 뼈를 잘라 푸드 바인드라는 달걀 분말 가루를 이용하여 소고기 살을 붙여서 사용하는 경우가 종종 있다.

■ 고수의 노하우 포인트

• 생양념을 선택할 때는 반드시 생수 또는 끓여서 식힌 물을 사용해야 한다.
• 배 대신 갈아 만든 배즙 음료를 사용할 수도 있다. 생수와의 배합은 적절히 조절한다.
• 이 외에도 소갈비 양념은 여러 가지 방법이 있으나, 가장 손쉬운 방법을 채택하였다.

 # 석쇠 불고기

석쇠 불고기 양념 배합비

재료(약 고기 3kg)	중량	원가 산출
물	1.5kg	
간장	300g	
검은 물엿	300g	
흑설탕	70g	
다진 마늘	150g	
양파즙	150g	
정종	150g	
다진 파	80g	
조미료	10g	
검은 후춧가루	4g	
갈은 깨소금	40g	
생강즙	5g	
배즙	300g	
참기름	50g	

석쇠 불고기 세팅 재료 및 중량

재료(한 접시)	중량	원가 산출
숙성 고기	300g	
대파 채	50g	

● 석쇠 불고기 양념 배합하기

1. 정량의 물과 간장 / 흑설탕 / 검은 물엿 / 조미료를 넣고 은근히 끓여서 하루 정도 식혀서 준비한다.
2. 식힌 양념에 준비한 배즙 / 양파즙을 넣고 잘 섞어 놓고, 다진 마늘 / 후춧가루 / 갈은 깨소금 / 생강즙 / 정종을 넣고 저어 준 후, 마지막에 참기름을 붓고 고기를 넣어 재워놓는다.
3. 양념에 재운 고기는 24시간 후 사용할 수 있다.

● 석쇠 불고기 만들기

1. 참숯을 준비한다.
2. 불을 피우고, 은근히 숯이 달구어 지면, 석쇠에 고기를 올려 놓고, 왔다갔다 하며, 타지 않게 굽는다.
3. 다 익으면, 대파 채 또는 실파를 올려 완성한다.

■ 고수의 노하우 포인트
• 소고기 부위는 등심 또는 알목심을 사용한다.

 L.A 갈비구이

L.A 갈비 양념 배합비

재료	중량	원가 산출
생수	200g	
간장	400g	
갈은 양파	50g	
요리당	60g	
흑설탕	300g	
갈은 마늘	200g	
조미료	3g	
갈은 사과	120g	
배즙	150g	
정종	100g	
후춧가루	0.2g	
참기름	10g	

● L.A 갈비 양념 배합하기

1. 정량의 물에 간장 → 요리당 → 흑설탕 → 조미료를 넣어 거품기로 잘 섞어 준다.

2. 섞여진 양념에 갈은 양파 → 배즙 → 갈은 사과를 넣고 섞어주고, 나머지 재료 후춧가루와 정종을 넣고, 마지막에 참기름을 넣어 마무리 해 준다.

3. 준비된 L.A 갈비에 양념을 붓고 24시간 냉장 숙성 후 사용한다.

● L.A 갈비 손질하기

1. L.A 갈비는 뼈 가루가 많이 붙어져 있다.

2. 계속 물에 담가 두면, 맛이 저하되므로, 냉동일 때는 자연 해동을 하고, 흐르는 물에 씻어서 채반에 담아 물기를 제거하고 사용한다.

3. L.A 갈비 1kg에 양념은 대략 150g~200g 정도 사용된다.

■ 고수의 노하우 포인트

• 배즙을 사용할 때는 배를 믹서에 갈아서 고운 체에 받쳐 국물만 사용한다. 많은 양의 배즙을 사용할 때는 국물용 자루에 담아 꼭 짜서 배즙만 사용할 수 있다.

 # 돼지 왕갈비구이

돼지 왕갈비 양념 배합비

재료	중량	원가 산출
물	500g	
진 간장	180g	
설탕	120g	
요리당	30g	
저민 마늘	30g	
편생강	50g	
대파 뿌리	30g	
통후추	2g	
마른 고추	12g	
통양파	100g	
카라멜 소스	5~7g	
조미료	15g	
감초	3g	
곱게 갈은 깨	10g	
갈은 마늘	35g	
갈은 양파	30g	
후춧가루	1g	
생강즙	10g	
소주	50g	

● 돼지갈비 양념 배합하기 및 만들기

1. 정량의 물에 저민 마늘 / 편생강 / 대파 뿌리 / 감초 / 통후추 / 요리당 / 설탕 / 간장 / 마른 고추 / 통양파를 넣고 은근히 끓여서 불을 끄고 완전히 식히고 끓였던 야채와 재료는 건져 내고, 양념을 준비한다.

2. 식힌 양념에 갈은 마늘 → 갈은 양파 → 곱게 갈은 깨 → 카라멜 소스 → 후춧가루 → 소주 → 조미료를 넣고 잘 섞이도록 배합한다.

3. 손질된 돼지갈비 1kg에 양념 450g을 붓고 갈비를 돌돌 말아서 48시간 냉장 숙성시킨다.

■ **고수의 노하우 포인트**
• 돼지갈비 소스를 만들 때 기본 양념은 끓여서 사용하는 것이 변질을 지연할 수 있다.

불 닭발구이

불 닭발구이 양념 배합비

재료(약 10회 분량 이상)	중량	원가 산출
고추장	400g	
갈은 생강	60g	
갈은 마늘	200g	
소주	200g	
청양 고춧가루	100g	
생수	300g	
조미료	10g	
요리당	100g	
매운맛 소스	3g	
굴 소스	100g	
갈은 키위	100g	
소고기 엑기스	50g	
설탕	50g	
간장	50g	
갈은 양파	100g	
식용 목초액	2g	
통후추 갈은 것	3g	
소금	7g	
소고기 분말	20g	

닭발 전처리 양념 배합비 및 불 닭 세팅 재료

재료	중량	원가 산출
닭발	5kg	
소주	200g	
밀가루	150g	
편생강	50g	
편마늘	70g	
커피 가루	5g	
월계수 잎	5g	
통후추	10g	
된장	100g	
무	100g	
물	7kg	
청고추	5g	
실파	5g	
통깨	3g	

● 불 닭발구이 양념 배합하기

1. 정량의 생수에 고추장과 간장 / 고춧가루를 잘 섞이게 배합한다.

2. 배합된 1번의 양념에 소고기 분말과 조미료를 넣어서 배합하고, 설탕 → 요리당 → 갈은 생강 / 갈은 마늘 / 갈은 키위 / 통후춧가루 → 굴 소스 → 소고기 엑기스 → 식용 목초액 → 매운맛 소스 → 소주를 넣어 배합한다.

3. 통에 양념을 담아 공기가 통하지 않게 밀폐를 시켜 24시간 냉장 숙성시킨다.

● 닭발 손질 및 만들기와 세팅

1. 껍질이 벗겨진 닭발을 밀가루를 넣고 조물조물 주무르고 물에 깨끗이 씻는다.

2. 냄비에 닭발을 담고 저민 생강 / 월계수 잎 / 통후추 / 커피 / 저민 마늘 / 무 / 된장을 풀어서 닭발을 삶는다.

3. 닭발이 끓고 있을 때 소주를 한 병 정도 붓고 30분 정도 삶아 건져 식힌다.

4. 식힌 닭발에 숙성된 양념을 붓고 한번 더 숙성 시킨다.

5. 얇은 팬을 사용하여 불 닭구이를 할 수도 있고, 석쇠를 이용한 직화로 구이를 할 수 도 있다.

6. 불 닭을 구운 후 청양고추, 실파/통깨를 뿌려서 담아낸다.

■ 고수의 노하우 포인트

• 양념은 숙성 기간이 오래될수록 변질이 오고, 매운맛과 단맛이 저하된다. 일부에서는 보존제를 사용하기도 하나, 권장할 사항은 아니다.

 # 오돌뼈구이

오돌뼈 양념 배합비

재료(약 20인)	중량	원가 산출
진 간장	50g	
고추장	300g	
매운 고춧가루	100g	
갈은 키위	50g	
콜라	100g	
백설탕	80g	
후춧가루	2g	
다진 마늘	100g	
다진 생강	50g	
소주	100g	
갈은 양파	200g	
생수	150g	
굴 소스	50g	
조미료	10g	
소고기 분말	10g	
요리당	100g	
소금	10g	

오돌뼈 세팅 재료 및 중량

재료(2인기준)	중량	원가 산출
양념된 오돌뼈	400g	
양파 채	50g	
실파	20g	
양배추	60g	
청·홍고추/깻잎	15g	
참기름	약간	

● 오돌뼈 석쇠구이 양념 배합하기

1. 정량의 생수와 콜라에 간장 / 고추장과 고춧가루 / 소고기 분말 / 조미료를 넣고 잘 섞이게 배합한다.
2. 1번 배합된 양념에 요리당 → 설탕 → 갈은 양파 → 다진 마늘 → 다진 생강 → 굴 소스 → 후춧가루를 넣고 충분히 배합을 시킨 후 소주를 붓고 마무리 배합을 한다.
3. 24시간 정도 숙성시켜 양념이 부드럽게 어우러지게 한다.
4. 준비된 오돌뼈에 숙성시킨 양념을 붓고 6시간 정도 냉장 숙성 후 사용한다.

● 오돌뼈 만들기 및 세팅

1. 냉동된 오돌뼈를 사용할 때는 반드시 자연 해동 후 사용한다.
2. 자연 해동된 오돌뼈에 생강즙과 소주를 넣어 섞어서 잡내를 제거시킨다.
3. 숙성된 양념을 오돌뼈와 섞어서 6시간 정도 숙성한다.
4. 준비된 야채와 오돌뼈를 얇은 팬에 볶듯이 구이를 한다.
5. 완성된 오돌뼈에 청·홍고추와 실파를 송송 뿌려서 제공한다.

■ 고수의 노하우 포인트

• 양념에 숙성된 오돌뼈를 석쇠에 직화로 구워 맛과 향이 어울리는 메뉴가 될 수 있으며, 시각적 컨셉에 맞는 메뉴로 구성할 수 있다.

안동찜닭

안동찜닭 양념 배합비

재료(약 10인)	중량	원가 산출
물	400g	
진 간장	400g	
굴 소스	10g	
고운 고춧가루	30g	
소고기 분말	30g	
검은 물엿	400g	
편생강	60g	
통마늘	60g	
고추씨	10g	
조미료	10g	
흑설탕	100g	
꽃소금	10g	
요리당	500g	
파인애플즙	50g	
갈은 마늘	30g	
갈은 생강	10g	
후춧가루	0.5	
카라멜 소스	5g	
소주	100g	

안동찜닭 세팅 재료 및 중량

재료(3~4인분)	중량	원가 산출
닭	600g~	
양파	70g	
대파	30g	
납작 당면	100g	
당근	20g	
삶은 감자	100g	
태국 고추	5g	
통깨	3g	
참기름	5g	
오이	20g	

● 안동찜닭 양념 배합하기

1. 정량의 물에 진 간장 / 고추씨 / 흑설탕 / 요리당 / 검은 물엿 / 통마늘 / 편생강 / 소고기 분말 / 조미료를 넣고 약 30분 끓인 후 소주를 붓고 한 소끔 더 끓여 식힌 후 재료는 걸러 낸다.

2. 1번 식힌 양념에 분량의 꽃소금 / 카라멜 소스 / 파인애플즙 / 갈은 생강 / 갈은 마늘 / 후춧가루 / 굴 소스를 넣고 잘 섞이도록 배합시킨다. 12시간 정도 숙성시킨 후 사용한다.

● 안동찜닭 손질법과 만들기 및 세팅

1. 닭은 16조각 정도 토막을 내서, 깨끗이 씻어 놓는다.

2. 납작 당면은 더운 물에 충분히 불려 놓는다.

3. 감자는 두껍고 납작하게 썰어서 삶아 놓는다.

4. 당근과 오이는 어슷하고, 넓게 썰어 놓는다.

5. 양파는 두껍게 채로 썰어서 놓고, 대파도 5cm 정도 길이로 반 갈라 썰어 놓는다.

6. 숙성된 양념에 씻어 놓은 닭을 넣고, 압력솥을 이용하여 약 10분 정도 삶아 놓는다.

7. 팬에 기름을 살짝 두르고, 태국 고추를 넣어 볶아준 후 양념에 삶아놓은 닭을 넣고, 끓인다.

8. 중간에 준비한 납작 당면을 넣고, 야채를 넣는다.

9. 한 소끔 끓으면, 참기름을 넣고, 접시에 담아 통깨를 뿌려 제공한다.

■ **고수의 노하우 포인트**
• 양념에 끓여 놓은 닭은 간이 잘 배어서 맛이 좋지만, 주의할 점은 재고 관리 부분이다.

매운 양푼 갈비찜

매운 양푼 갈비찜 양념 배합비

재료(약 20인)	중량	원가 산출
소고기 육수	800g	
된장	100g	
청양 고춧가루	120g	
소고기 분말	20g	
조미료	10g	
설탕	450g	
흰 물엿	800g	
갈은 생강	100g	
고추장	300g	
갈은 마늘	300g	
꽃소금	5g	
갈은 양파	100g	
갈은 파인애플	100g	
굴 소스	200g	
후춧가루	7g	
간장	400g	

매운 양푼 갈비찜 세팅 재료 및 중량

재료(2~3인분)	중량	원가 산출
삶은 돼지갈비	350g	
삶은 감자	200g	
당근	50g	
양파	100g	
청·홍고추	20g	
대파	40g	
굵은 떡	60g	
갈은 생강	10g	
갈은 마늘	30g	
소주	50g	
고추기름	10g	
생수	600g	

● 매운 양푼 갈비찜 양념 배합하기

1. 식힌 소고기 육수에 된장과 고추장 / 고춧가루를 서서히 저어가며 섞어 놓는다.
2. 풀어 놓은 1번 양념에 분량의 재료를 넣어 잘 섞이도록 배합시킨다.
3. 24시간 숙성을 시켜 사용한다.

● 매운 양푼 갈비찜 만들기 및 세팅

1. 돼지갈비는 찬물에 담가 핏물을 완전히 제거한다.
2. 찬물에 통후추와 월계수 잎 / 된장을 넣고 씻어 놓은 돼지갈비를 넣고 한 시간 이상 끓이다가 소주를 붓고 불 조절하며, 끓여서 건져 놓는다.
3. 팬에 고추기름을 두르고 건져 놓은 돼지갈비를 넣고, 볶다가 소주를 붓는다.
4. 볶고 있는 돼지갈비에 숙성된 양념을 넣고, 육수를 붓고 자박하게 끓이다가, 준비한 야채와 떡을 넣고 한 소큼 자박자박하게 졸여 준다.
5. 양푼에 돼지갈비를 담고 청·홍고추를 얹어 마무리한다.

■ 고수의 노하우 포인트
• 돼지갈비를 삶아 놓고 전처리가 잘못되면 고기 비린내가 난다. 반드시 생강즙과 소주를 뿌리고 밀폐용 식용 비닐에 담아 보관한다.

 돼지갈비찜

돼지갈비찜 양념 배합비

재료(약 10회)	중량	원가 산출
생수	1kg	
백 설탕	100g	
요리당	200g	
후춧가루	2g	
진 간장	450g	
사과즙	200g	
양파즙	150g	
파인애플즙	100g	
갈은 마늘	300g	
조미료	5g	
소주	100g	
생강즙	40g	
통깨	20g	
카레분말	5g	
고운 고춧가루	5g	

돼지갈비찜 세팅 재료 및 중량

재료(1회 제공량)	중량	원가 산출
돼지갈비	600g	
감자	150g	
당근	50g	
대파	50g	
양파	150g	
마른 고추	20g	
참기름	20g	
소주	20g	
불린 당면	50g	

● 돼지갈비찜 양념 배합하기

1. 생수 1kg에 고춧가루와 카레 분말을 풀어 놓는다.
2. 설탕과 요리당을 넣고, 거품기로 저어 놓는다.
3. 섞여진 양념에 준비된 분량의 재료를 넣고, 배합한다.
4. 12시간 정도 숙성 후 사용한다.

● 돼지갈비 손질하기와 만들기 및 세팅

1. 토막 낸 돼지갈비를 흐르는 물에 담구어 핏물을 완전히 제거한다.
2. 냄비에 제거된 돼지갈비를 담고, 물과 월계수 잎 / 소주 / 된장을 풀어서 약 30분 정도 삶아 건진다.
3. 팬에 기름을 넣고 마른 홍고추를 살짝 볶다가, 삶은 돼지갈비를 넣고 소주를 붓고 은근히 볶다가 양념을 넣어 센 불에서 30분 끓인다.
4. 중간에 뚜껑을 열고, 준비한 감자를 넣어 익힌다.
5. 감자가 중간쯤 익었을 때 양파와 그 외 야채를 넣고 마지막에 참기름을 넣어 마무리한다.
6. 테이블에 돼지갈비찜을 제공할 때 한번 더 끓이면서, 불린 당면을 첨가시켜 준다.

■ 고수의 노하우 포인트
• 돼지갈비는 감자와 궁합이 잘 맞는 메뉴이다.

해물 떡찜

해물 떡찜 양념 배합비

재료(약 20인)	중량	원가 산출
고추장	900g	
검은 물엿	1kg	
소주	180g	
조미료	15g	
요리당	120g	
간장	230g	
소고기 분말	10g	
설탕	90g	
카라멜 소스	6g	
후춧가루	1g	
굴 소스	30g	
청양 고춧가루	80g	
생강즙	25g	
물 녹말	40g	
물	200g	

해물 떡찜 세팅 재료 및 중량

재료(1~2인분)	중량	원가 산출
굵은 떡	200g	
사각 오뎅	100g	
동그란 오뎅	100g	
홍합	100g	
칵테일 새우	100g	
오징어	200g	
절단 꽃게	4조각	
청경채	50g	
홍고추	10g	
양배추	200g	
삶은 달걀	2개	
대파	100g	
생강즙	15g	
소주	20g	
식용유	약간	

● 해물 떡찜 양념 배합하기

1. 정량의 물에 고추장 / 고춧가루를 넣고 섞어준 후 물 녹말을 제외한 재료를 넣고 살짝 끓인다.
2. 끓고 있는 양념에 물 녹말 5g을 넣고 한번 더 끓여준다.
3. 12시간 정도 숙성시켜 사용한다.

● 해물 떡찜 만들기 및 세팅

1. 냉동된 꽃게는 자연 해동을 시키고, 급할 때는 찬물에 담가 건져 준비한다.
2. 팬을 달구어 식용유를 두르고 해물을 넣고, 생강즙과 소주로 잡내를 잡아준다.
3. 재빠르게 소스를 넣고, 불의 맛이 나도록 센 불에 볶는다.
4. 나머지 야채와 떡 / 오뎅 / 삶은 달걀을 넣고, 소스가 자작하게 남아 있으면, 마무리한다.
5. 제공할 때는 끓이는 팬에 담아 재료를 담고, 청경채와 홍고추를 올려서 제공한다.

■ 고수의 노하우 포인트
• 강력한 매운맛을 원할 때는 식용유 대신 고추기름을 사용한다.
• 주의할 점은 고추기름이 빨리 타기 때문에 숙달이 되었을 때 사용한다.
• 해물의 많은 가짓수보다는 가짓수가 적어도 생물을 큼직하게 사용하는 것이 좋다.

무교동 낙지볶음

무교동 낙지볶음 양념 배합비

재료(약 20인~)	중량	원가 산출
고추장	500g	
간장	100g	
백설탕	150g	
갈은 마늘	150g	
고운 고춧가루	150g	
굵은 고춧가루	150g	
조미료	20g	
소고기 분말	15g	
후춧가루	2g	
생강즙	100g	
소주	150g	
요리당	50g	
양파즙	100g	
새우젓	50g	
사이다	200g	

무교동 낙지볶음 세팅 재료 및 중량

재료(한 접시)	중량	원가 산출
손질 낙지	2마리	
양파	40g	
대파	20g	
삶은 콩나물	40g	
참기름	5g	
통깨	약간	
물 녹말	약간	

● 무교동 낙지볶음 양념 배합하기

1. 소주와 사이다에 고추장과 고춧가루를 넣고 잘 섞이게 배합한다.
2. 섞여진 1번에 준비된 분량의 재료를 골고루 섞이도록 배합시킨다.
3. 밀폐 용기에 담아서 30시간 이상 냉장 숙성시킨다.

● 무교동 낙지 손질하기와 만들기 및 세팅

1. 생물 낙지는 부드러워, 굵은 소금으로 조물조물 뻘만 제거하면 되고, 냉동 낙지는 하루 전날 냉장고에서 자연 해동 후 밀가루와 굵은 소금으로 주물러 깨끗이 씻어 뻘과 냄새를 제거시킨다.
2. 냉동 낙지는 생강즙과 정종으로 하룻밤 재워놓고 사용한다.
3. 끓는 물에 소금을 넣고 손질된 낙지를 살짝 데쳐 놓는다.
4. 팬에 기름을 두르고 양념과 야채를 빠르게 볶다가, 손질된 낙지를 넣고, 재빠르게 볶고, 물 녹말을 넣어 잠깐 익히고, 참기름을 뿌려 마무리한다.
5. 콩나물은 삶아서 찬 물에 30분 정도 담가, 건져 물기를 제거한다.
6. 접시에 삶은 콩나물을 담고, 마무리된 낙지를 담아 통깨를 뿌려 완성한다.

■ 고수의 노하우 포인트
• 사이다가 첨가된 양념은 숙성 기간이 하루 정도 더 길다.

 # 소고기 샤브샤브

소고기 샤브샤브 육수 맛내기 파우더

재료(50인)	중량	원가 산출
소고기 육수	육수	
	만드는법 참조	
크림 스프	20g	
소고기 분말	40g	
조개 분말	20g	
볶음 소금	15g	

소고기 샤브샤브 세팅 재료 및 중량

재료(2인 기준)	중량	원가 산출
샤브 소고기	300g	
새송이버섯	60g	
느타리버섯	30g	
치즈 떡	40g	
고구마 떡	60g	
팽이버섯	1봉	
어묵	4개(종류별)	
케일	2잎	
배추	2잎	
청경채	1/2봉	
숙주나물	30g	
쑥갓	20g	
단호박	100g	
겨자채	3잎	
칼국수	100g	
공기밥	1/2	
김 가루	10g	
달걀	노른자	
당근	5g	
만두	2개	

● 소고기 샤브샤브 육수 양념 배합비

1. 고기 육수를 준비한다.(고기 육수 만드는 법 177페이지 참조)
2. 재료 정량의 파우더를 골고루 배합시킨다.
3. 기본 소고기 육수에 배합한 육수 맛내기 파우더를 넣고 한번 팔팔 끓여 식혀서 준비한다.

● 소고기 샤브샤브 손질하기와 만들기 및 세팅

1. 소고기는 얼려서 육절기로 얇게 썬다.
2. 느타리버섯은 밑둥만 제거한다.
3. 팽이버섯도 밑 부분만 절단한다.
4. 접시에 야채와 버섯을 모둠어 담고, 다른 접시에 샤브 소고기를 담는다.
5. 샤브 냄비에 육수를 담고, 야채 접시와 샤브 소고기를 함께 제공한다.
6. 칼국수/만두와 볶음밥 또는 죽으로 만들 밥은 별도로 준비해서 제공한다.

■ 고수의 노하우 포인트
• 샤브샤브는 육수를 하나로 통일해서 사용하는 것이 좋다.
• 별도의 양념을 추가하는 방법을 선택한다.
• 샤브샤브 소스는 메뉴 찬류 154~155페이지 참조

보쌈

보쌈 삶는 양념 배합비

재료(고기 10kg)	중량	원가 산출
시골 된장	200g	
소고기 분말	10g	
조미료	10g	
소주	1병	
물	8kg	
갈은 마늘	200g	
갈은 생강	150g	
통후추	2g	
통마늘	120g	
월계수 잎	1잎	
통양파	250g	
대파 뿌리	25g	

보쌈 고기 재료 및 중량

재료	중량	원가 산출
삼겹살	5kg	
목심	3kg	
전지	2kg	

● 보쌈 고기삶기

1. 물에 소주를 제외하고 갈은 생강 / 갈은 마늘 / 월계수 잎 외 재료들을 담고 센 불에서 끓인다.
2. 고기는 찬물에 30분 정도 담가 핏기를 제거한다.
3. 물이 끓고 있으면, 고기를 넣는다.
4. 고기를 넣고 물이 끓으면, 소주를 붓고 약 50분 동안 삶는다.
5. 불 조절은 센 불(20분) / 중불(20분) / 뜸불(10분) 동안 삶는다.
6. 뜸불로 불 조절을 한 후 불을 끄고 약 5분 있다가 고기를 건져 사용한다.

■ 고수의 노하우 포인트
• 보쌈 고기는 항정살 / 뒷다리 살 등 다양하게 사용할 수 있다.

보쌈김치

보쌈김치 양념 배합비

재료(절인 배추 2통 분량)	중량	원가 산출
굵은 고춧가루	100g	
매운 고춧가루	40g	
새우젓	10g	
갈은 사과	20g	
설탕	50g	
올리고당	100g	
꽃소금	20g	
조미료	10g	
까나리 액젓	10g	
갈은 마늘	30g	
갈은 생강	5g	

보쌈김치 속 재료 및 중량

재료	중량	원가 산출
절인 배추	2통	
무채	400g	
미나리	30g	
당근	40g	
밤	60g	
배	80g	
굴	70g	

● 보쌈김치 속 만들기 및 세팅

1. 무는 채를 썰어 소금에 약 30분 정도 절인다.
2. 절인 무채는 물기를 최대한 제거하고, 준비한다.
3. 절인 무채에 분량의 고춧가루를 넣어 골고루 색을 들인다.
4. 고춧가루 물이 들은 무채에 나머지의 재료를 넣고 버무린다.
5. 양념을 넣고 버무린 무채에 각종 밤 / 대추 / 배를 넣고 버무린다.
6. 마지막에 참기름과 굴을 넣고 살살 버무린 후 절인 배추에 속을 채워 냉장 보관한다.
7. 굴은 계절별로 사용하므로, 함께 넣지 않고 별도 토핑으로 얹기도 한다.

■ **고수의 노하우 포인트**

• 신선한 보쌈김치는 만들어 김치 냉장고에서 별도로 보관하고 약 3일이 지나면, 물기가 생겨 맛이 감소된다.

춘천 닭갈비

춘천 닭갈비 양념 배합비

재료(약 20인)	중량	원가 산출
약간 매운 고운 고춧가루	150g	
고추장	600g	
갈은 생강	100g	
갈은 마늘	200g	
소주	250g	
후춧가루	3g	
갈은 양파즙	500g	
간장	300g	
조미료	15g	
요리당	150g	
볶은 소금	20g	
굵은 고춧가루	200g	
소고기 엑기스	100g	
소고기 분말	10g	
소고기 육수	150g	

춘천 닭갈비 세팅 재료 및 중량

재료(2~3인)	중량	원가 산출
닭	600g	
양배추	180g	
고구마	80g	
양파	100g	
대파	50g	
떡볶이 떡	70g	
당근	50g	
깻잎	50g	
식용유	10g	
참기름	약간	

● 춘천 닭갈비 양념 배합하기

1. 소고기 육수에 고추장과 고춧가루를 골고루 배합시켜 준다.
2. 배합된 1번 재료에 분량의 재료를 섞어 준다.
3. 혼합이 잘된 양념을 밀폐시키고 냉장 숙성 24시간 후 사용한다.(양념은 4일 이상 사용하지 않는다.)

● 춘천 닭갈비 손질하기와 만들기 및 세팅

1. 닭은 핏기를 제거하고, 알맞게 잘라서 생강즙과 소주에 버무려 숙성시켜 놓는다.
2. 숙성된 닭을 양념에 재워놓는다.
3. 야채는 큼직큼직하게 썰어 놓는다.
4. 두꺼운 철판에 식용유를 두르고, 닭을 먼저 볶다가 준비한 깻잎을 제외한 야채를 넣고 볶아준다.
5. 다 익었을 때 깻잎을 넣고 참기름을 살짝 넣어서 마무리한다.

■ **고수의 노하우 포인트**

• 닭은 생닭을 사용하고, 냉동 닭을 사용할 때는 냉장고에서 자연 해동을 하고, 생강즙과 소주를 진하게 섞어주는 전 처리 과정을 거친다.

불낙전골

불낙전골의 불고기 양념 배합비

재료(고기 3kg)	중량	원가 산출
생수	150g	
간장	450g	
갈은 양파	50g	
요리당	70g	
흑설탕	150g	
갈은 마늘	150g	
조미료	3g	
소고기 분말	10g	
배즙	150g	
정종	100g	
후춧가루	0.2g	
참기름	10g	

전골 양념 배합비

재료(약 20인)	중량	원가 산출
진 간장	500g	
설탕	100g	
소고기 분말	20g	
조미료	10g	
파인애플즙	30g	
양파즙	50g	
갈은 마늘	100g	
갈은 생강	20g	
소고기 육수	300g	
굴 소스	100g	
정종	50g	
고춧가루	200g	
후춧가루	2g	

불낙전골 세팅 재료 및 중량

재료(2~3인)	중량	원가 산출
숙성 불고기	200g	
불린 당면	150g	
양파	80g	
당근	40g	
낙지	2마리	
미나리	40g	
홍고추	20g	
대파 채	70g	
청고추	20g	
갈은 마늘	30g	
느타리버섯	60g	
새송이버섯	60g	
팽이버섯	40g	
소고기 육수	800g~	
무	150g	

● 불고기 양념 배합하기

1. 정량의 물에 간장 → 요리당 → 흑설탕 → 조미료 → 소고기 분말을 넣고 거품기로 섞어 준다.
2. 섞여진 양념에 갈은 양파 → 배즙을 넣고 잘 섞은 후, 나머지 재료 후춧가루 / 정종을 넣고, 마지막에 참기름을 첨가시킨 후, 소고기에 넣고 버무려 냉장 숙성한다.

● 전골 양념 배합하기

1. 소고기 육수에(소고기 육수 만들기는 177페이지 참조) 간장 / 설탕을 넣어 섞는다.
2. 섞은 양념에 고춧가루를 섞고, 준비한 재료 양념을 넣어 골고루 배합시킨다.
3. 24시간 숙성 후 사용한다.

● 불낙전골 만들기 및 세팅

1. 낙지는 굵은 소금과 밀가루를 넣어, 조물조물 주물러 가며 씻어 놓는다.
2. 불고기는 양념에 버무려 냉장 숙성 후 사용한다.
3. 준비된 야채는 먹기 좋게 썰어 놓는다.
4. 전골냄비 바닥에 무를 나박나박하게 썰어서 깔아주고, 숙성된 불고기를 담고, 갖은 야채와 양념장 / 소고기 육수를 붓고 끓인다.
5. 중간쯤 낙지와 당면을 넣어주고, 미나리도 넣어, 한번 살짝 끓여서 완성한다.

■ **고수의 노하우 포인트**
• 불고기는 양념에 숙성시켜서 사용하면 깊은 맛이 나지만, 숙성 기간이 3일 이상 길어지면, 고기가 물러지는 현상이 발생한다.

곱창전골

곱창전골 양념 배합비

재료(약 20인)	중량	원가 산출
고추장	200g	
굵은 고춧가루	300g	
매운 고춧가루	60g	
국간장	200g	
설탕	30g	
조미료	10g	
소고기 분말	20g	
다진 마늘	150g	
다진 생강	60g	
소주	200g	
굴 소스	100g	
까나리 액젓	50g	
소고기 육수	200g	
천일염	10g	
후춧가루	3g	
소고기 엑기스	50g	

곱창전골 재료 및 세팅 재료 및 중량

재료(2~3인)	중량	원가 산출
손질된 곱창	200g	
양	100g	
양파	80g	
당근	40g	
소주	20g	
쑥갓	40g	
홍고추	20g	
대파	70g	
갈은 마늘	30g	
느타리버섯	60g	
새송이버섯	60g	
팽이버섯	40g	
소고기 육수	800g~	
무	150g	
떡국 떡	50g	

● 곱창전골 양념 배합하기

1. 소고기 육수에 고춧가루와 고추장을 골고루 섞는다.
2. 배합된 1번 양념에 간장과 준비된 양념을 넣고 골고루 섞이도록 배합시킨다.
3. 배합시킨 양념은 24시간 냉장 숙성 후 사용한다.

● 곱창 손질법과 만들기 및 세팅

1. 곱창은 굵은 소금으로 주물러 핏물을 빼고, 밀가루를 넣고 주물러 가며, 깨끗이 씻어 놓는다.
2. 양은 바깥쪽의 검은 껍질과 안쪽의 흰 막을 제거시켜 놓는다.
3. 끓는 물에 월계수 잎 / 통후추 / 편생강 / 된장 1큰술을 넣고 소주를 붓고 곱창을 삶아 놓는다.
4. 양은 먹기 좋게 썰어 놓는다.
5. 양과 곱창은 숙성된 양념에 버무린 후 재워 놓는다.
6. 준비한 각종 야채는 먹기 좋게 썰어 놓는다.
7. 전골팬에 무를 나박나박하게 썰어 깔고, 준비한 야채를 담고, 재워 놓은 양과 곱창을 넣는다.
8. 소고기 육수를 곱창전골에 붓고 끓이다가 마지막에 쑥갓을 올린다.

■ 고수의 노하우 포인트
• 곱창을 1차 삶을 때 물은 자작하게 넣고 삶아 준다.

황태 콩나물국

황태 콩나물국 육수 양념 배합하기

재료(약 20인)	중량	원가 산출
혼 다시	20g	
조개 분말	30g	
소금	25g	
멸치 분말	10g	
황태 육수	12kg	

황태 콩나물국 세팅 재료 및 중량

재료	중량	원가 산출
황태채	20g	
삶은 콩나물	100g	
달걀	1개	
청양고추	5g	
홍고추	5g	
갈은 마늘	3g	
대파	5g	
황태 육수	500g~	

● 황태 콩나물국 육수 양념 배합하기

1. 준비한 양념 재료를 모두 혼합시켜, 파우더를 만든다.
2. 황태 육수에 배합된 양념 파우더를 넣고 한 소끔 끓인다.
3. 황태 육수(황태 육수 만드는 법은 181페이지 참조)

● 황태 콩나물국 만들기 및 세팅

1. 콩나물은 아삭하게 삶아 건져 찬물에 담가 건져 놓는다.
2. 준비한 황태 육수에 콩나물 삶은 물도 섞어준다.
3. 뚝배기에 삶은 콩나물/황태채를 담고, 끓여 놓은 황태 육수를 붓고, 갈은 마늘을 넣고, 끓인다.
4. 끓인 황태 콩나물국에 청양고추와 홍고추를 띄운 후 완성한다.
5. 달걀은 별도로 제공한다.

■ 고수의 노하우 포인트

• 콩나물은 굵기가 굵은 것은 씹는 식감이 좋고, 곱슬이 콩나물은 고소한 맛을 지니고 있다.

 옛날 육개장

옛날 육개장 양념 배합비

재료(약 20인~)	중량	원가 산출
소고기 육수	1kg	
매운 고춧가루	150g	
소고기 분말	20g	
볶은 소금	40g	
국 간장	20g	
진 간장	40g	
조미료	10g	
갈은 마늘	200g	
정종	100g	
후춧가루	3g	
일반 고춧가루	300g	

옛날 육개장 세팅 재료 및 중량

재료(1인분)	중량	원가 산출
치맛살 소고기(삶아서)	100g	
느타리버섯	30g	
고사리	30g	
숙주	30g	
대파	20g	
토란대	20g	
달걀	1개	
갈은 마늘	20g	
고추기름	10g	
고기 육수	600g	
불린 당면	30g	

● 옛날 육개장 양념 배합하기

1. 식힌 소고기 육수에 고춧가루를 넣어 섞는다.
2. 고춧가루가 육수에 불려질 때까지 기다린다.
3. 불린 고춧가루 양념에 준비한 재료 양념들을 골고루 섞어, 24시간 냉장 숙성시킨다.

● 옛날 육개장 손질하기와 만들기 및 세팅

1. 끓는 물에 통후추/통생강/통마늘/통양파/대파 뿌리를 넣고 치맛 살 소고기를 넣어 정종을 붓고, 약 60분 정도 불을 조절하면서 삶아 건진다.
2. 건진 소고기를 한 김 식힌 후 고깃결대로 길게 찢어 놓는다.
3. 대파도 6cm 길이로 썰어서 소금물에 살짝 데쳐 찢어 놓는다.
4. 토란대도 삶아서 찬물에 담가 열을 식힌 후 건져 물기를 제거하고 찢는다.
5. 느타리버섯도 데쳐 찬물에 담가 건져 찢어 물기를 제거하고, 숙주는 쪄서 식혀 놓는다.
6. 찢은 고기와 각종 야채를 숙성된 양념에 골고루 무친다.
7. 냄비에 고추기름을 넣고 야채와 육수를 붓고, 끓여준다.
8. 중간에 갈은 마늘을 넣고, 다시 한 번 끓여 준다.
9. 한 소끔 끓여 놓고 야채를 건져 놓는다. 뚝배기에 건져 놓은 야채와 찢어 놓은 고기를 담고, 육수를 붓고 끓이다가 불린 당면과 달걀을 풀어 한 번 더 살짝 끓여서 제공한다.

■ **고수의 노하우 포인트**
• 육개장의 고추기름은 소기름을 팬에 서서히 녹여 기름이 나오면, 고춧가루를 넣고, 살살 볶아 고운 체에 거즈를 깔고, 기름을 걸러 내면, 고소하고, 고운 고추기름을 만들 수 있다.

순대국

순대국 양념 배합비

재료(약 30인~)	중량	원가 산출
굵은 고춧가루	300g	
갈은 마늘	200g	
건 고추	100g	
볶은 소금	30g	
후춧가루	5g	
돼지 육수	400g	
조미료	10g	
갈은 생강	50g	

순대국 세팅 재료 및 중량

재료	중량	원가 산출
순대	120g	
오소리 감투	20g	
머리고기	30g	
허파	20g	
간	20g	
대파	10g	
돼지 사골 육수	600g	

● 순대국 양념 배합하기

1. 건 고추는 물에 불려, 믹서에 간다.

2. 갈아놓은, 건 고추에 고춧가루와 돼지 육수 및 준비한 재료 양념을 넣고 골고루 배합시킨다.

3. 냉장고에 넣고 24시간 숙성시킨다.

● 순대국 만들기 및 세팅

1. 돼지 육수를 뜨겁게 끓인다.

2. 순대와 부산물은 찜기에 올려 부드럽게 준비한다.

3. 찜기에 올려져 있는 순대를 먹기 좋게 썰어 놓는다.

4. 허파/오소리 감투/머리고기/간도 썰어 놓는다.

5. 뚝배기에 순대와 허파/오소리 감투/머리고기/간을 담고 뜨거운 육수를 붓고 토렴을 한다.

6. 다시 돼지 육수를 붓고 송송 썬 대파를 올리고, 숙성된 양념을 얹어 완성한다.

7. 별도로, 송송 썬 청양고추/새우젓을 제공한다.

8. 돼지 육수(돼지 육수 만드는 법은 176페이지 참조)

■ **고수의 노하우 포인트**

• 토렴이란 뜨거운 육수를 한번 붓고 부었던 육수를 따르고 다시 육수를 붓는 것을 말한다.

삼계탕

삼계탕 양념 배합비

재료(약 20인)	중량	원가 산출
찹쌀가루	200g	
치킨 파우더	20g	
땅콩 가루	20g	
인삼차가 루	10g	
볶은 콩가루	20g	
닭 육수	12kg	
갈은 마늘	100g	

삼계탕 세팅 재료 및 중량

재료(1인)	중량	원가 산출
삼계 닭	1마리	
육수	450~500g	
대파	15g	
수삼	1뿌리	
흑임자	2g	
통마늘	3개	
불린 찹쌀	250g	
대추	3개	
은행	3알	
깐 밤	2개	
편생강	2쪽	

● 삼계탕 양념 배합하기

1. 찹쌀 가루에 치킨 파우더 땅콩 가루 / 인삼차 / 볶은 콩가루와 갈은 마늘을 배합시킨다.
2. 배합시킨 파우더는 삼계탕을 끓일 때 사용한다.

● 삼계탕 만들기 및 세팅

1. 삼계탕 육수 12kg에 배합된 양념을 넣고 거품기로 잘 저어 준다.
2. 베 보자기에 양파 3개 / 통생강 100g / 통마늘 200g / 통후추 10g을 넣고, 육수에 넣는다.
3. 찹쌀은 씻어서 1시간 정도 불린다.
4. 대추도 깨끗이 씻어 놓는다.
5. 대파는 송송 썰어 놓는다.
6. 수삼은 뇌두를 제거하고 살살 씻어 놓는다.
7. 깨끗이 씻은 닭의 뱃속에 통마늘을 넣고, 불린 찹쌀부터 준비한 대추/밤/수삼을 넣고 다리 양쪽에 칼집을 넣어 닭의 다리를 사선으로 집어 넣어 오므린다.
8. 양념을 풀어 놓은 삼계 육수를 먼저 끓인다.
9. 삼계 육수가 끓으면, 준비한 닭을 넣고 약 30분 센 불에 끓인다.
10. 30분 후 큰 나무 주걱으로 한번 저어 준다.
11. 다시 거품을 걷어내고, 20분 불을 중불로 낮추어 끓인다.
12. 20분 중불 후 약 10분 정도 더 뜸불로 끓여 마무리한다.
13. 뚝배기에 삼계탕을 담고, 한 소큼 더 끓인 후 송송 썬 대파와 흑임자를 뿌려 완성한다.

■ 고수의 노하우 포인트
- 닭 육수 만들기는 176페이지 참조
- 찹쌀 가루를 넣은 육수를 처음부터 끓이면, 끓어올라 넘치는 경우가 있다.
- 뚜껑을 열고 끓이고, 육수통이 깊은 것을 선택해야 된다.

오리 영양 백숙

오리 영양 백숙 육수 첨가 배합비

재료(10마리)	중량	원가 산출
찹쌀 가루	50g	
십전대보탕	100g	
치킨 파우더	50g	
녹차 가루	6g	
오리 육수	12kg	
갈은 마늘	100g	

오리 영양 백숙 세팅 재료 및 중량

재료	중량	원가 산출
불린 검은 찹쌀	400g	
깐 밤	10개	
대추	10개	
은행	20개	
호두	30g	
통마늘	10개	
황기	긴 것 3대	
오리	900g	
오리 죽 만들 찹쌀	200g	
헛개나무	2개	

● 오리 영양 백숙 육수 배합하기

1. 오리 육수에 준비한 십전대보탕과 녹차 가루/갈은 마늘을 넣고 약 4시간 이상 충분히 끓여 준다.(오리 육수 만드는 법은 180페이지 참조)

2. 끓인 육수에 찹쌀 가루와 치킨 파우더를 넣어 다시 한 소끔 끓인다.

● 오리 영양 백숙 만들기 및 세팅

1. 깨끗이 손질된 오리 뱃속에 불린 검은 찹쌀과 황기를 제외한 준비된 재료를 넣는다.

2. 만들어 놓은 육수에 황기와 헛개나무를 넣고, 뱃속을 채운 오리를 담아 약 2시간 정도 삶는다.

3. 불 조절은 센 불(30분)/중불(40분)/약불(20분)/뜸불(30분)로 하면서 부드럽게, 백숙을 삶는다.

4. 완성된 오리 백숙을 두툼한 뚜가리에 담아 제공하고, 육수에 불린 찹쌀을 넣어 죽을 끓여 완성한다.

■ 고수의 노하우 포인트

• 오리는 1kg을 넘지 않는 것이 연하고 맛이 좋다.

• 압력솥을 사용하여 백숙을 만들 때에는 시간 조절이 필요하며, 뜸불에 시간을 충분히 준다.

녹두 삼계탕

녹두 삼계탕 양념 배합비

재료(약 20인)	중량	원가 산출
찹쌀 가루	200g	
치킨 파우더	20g	
땅콩 가루	20g	
인삼차 가루	10g	
볶은 콩가루	20g	
녹차 가루	10g	
닭 육수	15kg	

녹두 삼계탕 세팅 재료 및 중량

재료(1인)	중량	원가 산출
삼계닭	1마리	
육수	600~700g	
대파	15g	
수삼	1뿌리	
흑임자	0.2g	
통마늘	3개	
불린 찹쌀	150g	
불린 녹두	200g	
은행	3알	
깐밤	2개	
편생강	2쪽	
대추	3개	

● 녹두 삼계탕 양념 배합하기

1. 찹쌀 가루에 치킨 파우더 땅콩 가루 / 인삼차 / 볶은 콩가루 / 녹차 가루를 배합시킨다.
2. 배합시킨 파우더는 녹두 삼계탕을 끓일 때 사용한다.

● 녹두 삼계탕 만들기 및 세팅

1. 삼계탕 육수 15kg에 양념 배합시킨 것을 넣고 거품기로 잘 저어 준다.
2. 베 보자기에 양파 3개 / 통생강 100g / 통마늘 200g / 통후추 10g을 넣고, 육수에 넣는다.
3. 찹쌀은 씻어서 불리고, 깐 녹두도 씻어 불린다.(30분 이상 불린다.)
4. 대추도 깨끗이 씻어 놓는다.
5. 대파는 송송 썰어 놓는다.
6. 수삼은 뇌두를 제거하고 살살 씻어 놓는다.
7. 깨끗이 씻은 닭의 뱃속에 통마늘을 넣고, 불린 찹쌀 / 불린 녹두부터 준비한 대추 / 밤 / 수삼을 넣고 다리 양쪽에 칼집을 넣어 닭의 다리를 사선으로 집어넣어 오므린다.
8. 양념을 풀어 놓은 삼계 육수를 먼저 끓인다.
9. 삼계 육수가 끓으면, 준비한 닭을 넣고 약 30분 정도 센 불에서 끓인다.
10. 30분 후 큰 나무 주걱으로 한번 저어 준다.
11. 다시 거품을 걷고, 20분 정도 불을 중불로 낮추어 끓인다.
12. 20분 중불 후 약 10분 정도 뜸불로 끓여 마무리한다.
13. 녹두 삼계탕을 뚝배기에 담고, 한 소큼 더 끓인 후 송송 썬 대파를 올려 완성한다.

■ 고수의 노하우 포인트

- 껍질 녹두를 사용할 경우 에는 반드시 따뜻한 물에 불려 껍질을 제거 후 사용한다.
- 삼계닭은 대부분 400g~450g 정도의 크기가 적당하다.

 통감자 닭 볶음탕

통감자 닭 볶음탕 양념 배합비

재료(약 20인~)	중량	원가 산출
굵은 고춧가루	300g	
청양 고춧가루	90g	
굴 소스	150g	
간장	90g	
갈은 마늘	200g	
갈은 생강	30g	
후춧가루	2g	
요리당	140g	
고추장	200g	
설탕	50g	
치킨 분말	20g	
조미료	10g	
볶은 소금	20g	
닭 육수	1kg	
소주	50g	

통감자 닭 볶음탕 세팅 재료 및 중량

재료(2~3인)	중량	원가 산출
통감자	2~3개	
당근	100g	
양파	120g	
대파	50g	
닭육수	800g	
청·홍고추	20g	
갈은 마늘	30g	
갈은 생강	5g	
닭	600g~	
불린 당면	70g	
소주	20g	

● 통감자 닭 볶음탕 양념 배합하기

1. 차가운 닭 육수에 고춧가루와 고추장을 넣고, 배합시킨다.

2. 배합된 1번 양념에 준비한 재료를 섞어서 골고루 혼합시킨다.

3. 혼합시킨 양념을 24시간 냉장 숙성시킨다.

● 통감자 닭 볶음탕 만들기 및 세팅

1. 감자는 통으로 삶아서 준비한다.

2. 당근도 큼직하게 썰고, 양파도 큼직큼직하게 썬다.

3. 대파도 5cm 정도 길이로 썰고, 청·홍고추도 어슷어슷 썰어 놓는다.

4. 당면은 불려놓고, 끓일 때 중간에 넣어 준다.

5. 닭은 먹기 좋게 토막을 내서 핏기를 깨끗이 씻어준다.

6. 팬에 닭을 달달 볶다가 양념과 소주를 넣어, 다시 볶다가 육수를 넣어준다.

7. 뚜껑을 덮고 끓이다가, 중간쯤 거품을 건어내고 삶은 통감자와 당근과 양파/갈은 마늘, 갈은 생강을 넣어준다.

8. 불 조절 후 완성되었을 때 대파/청·홍고추를 넣고, 완성한다.

9. 테이블에서 다시 끓일 때 불린 당면을 넣어준다.

■ 고수의 노하우 포인트
• 별도로 굵은 떡이나, 고구마를 첨가할 수 있다.

우럭 매운탕

우럭 매운탕 육수 배합비

재료(약 20인)	중량	원가 산출
해물 육수	15kg	
조개 분말	40g	
혼다시	10g	
조미료	15g	
볶은 소금	40g~	

우럭 매운탕 양념 배합비

재료	중량	원가 산출
고추장	100g	
소고기 분말	20g	
약간 굵은 고춧가루	350g	
갈은 마늘	200g	
갈은 생강	60g	
소주	100g	
조미료	10g	
볶은 소금	40g	
굴 소스	30g	
해물 육수	200g	
간장	30g	

우럭 매운탕 세팅 재료 및 중량

재료(1인)	중량	원가 산출
우럭	1마리	
우럭 내장	20g~	
콩나물	30g	
보리새우	10g	
갈은 마늘	20g	
대파	20g	
정종	20g	
생강즙	5g	
청양고추	5g	
홍고추	3g	
미나리	30g	
우럭 육수	600g~	
무	100g	
팽이버섯	1/3개	

● 우럭 매운탕 육수 만들기

1. 해물 육수에 준비한 분량의 양념을 넣고 한 소끔 끓인다.
2. 해물 육수(해물 육수 만드는 법은 178페이지 참조)

● 우럭 매운탕 양념 만들기

1. 식힌 해물 육수에 고춧가루를 넣어 불린다.
2. 불린 고춧가루 1번 양념에 고추장과 소고기 분말을 섞는다.
3. 섞여진 양념에 준비한 나머지 양념들을 섞어서 24시간 냉장 숙성 후 사용한다.

● 우럭 매운탕 손질과 만들기 및 세팅

1. 우럭은 쓸개를 제거하고 토막을 내서 깨끗이 씻어 놓는다.
2. 우럭 매운탕 육수에 무를 썰어서 깔고, 보리새우를 넣고 끓인다.
3. 끓고 있는 육수에 숙성된 양념을 풀고, 준비한 우럭/갈은 마늘/갈은 생강/소주를 넣어 끓인다.
4. 끓고 있는 우럭 매운탕의 불을 반쯤 조절하고, 대파를 넣고 끓인다.
5. 어느 정도 익었을 때 팽이버섯을 넣고, 익힌 후 제공할 때 미나리/청·홍고추를 올려 제공해 준다.

■ 고수의 노하우 포인트
• 우럭은 쓸개를 반드시 제거해야 쓴맛이 없고, 회를 떠낸 뼈와 머리만으로도 끓일 수 있다.

 # 묵은지 감자탕

묵은지 감자탕 육수 배합비

재료(약 20인)	중량	원가 산출
돼지 육수	20kg	
소고기 분말	10g	
사골 엑기스	50g	

묵은지 감자탕 양념 배합비

재료	중량	원가 산출
약간 매운 고춧가루	200g	
라면 스프	50g	
후춧가루	5g	
갈은 생강	30g	
갈은 마늘	120g	
소주	200g	
조미료	20g	
소고기 분말	20g	
볶은 소금	60g	
돼지 육수	600g	
간장	50g	
굴 소스	50g	
된장	150g	
소금	20g	

묵은지 감자탕 세팅 재료 및 중량

재료(2~3인)	중량	원가 산출
삶은 돼지뼈	6개	
삶은 감자	3개	
묵은지	300g	
대파	80g	
깻단	50g	
들깨 가루	15g	
소주	30g	
돼지 육수	800g	
갈은 마늘	30g	
갈은 생강	10g	

● 묵은지 감자탕 육수 만들기

1. 돼지 육수에 소고기 분말 / 사골 엑기스를 분량에 맞게 넣어, 한 소끔 끓여 놓는다.(돼지 육수 만드는 법은 176페이지 참조)

● 묵은지 감자탕 양념 배합하기

1. 돼지 육수에 준비한 고춧가루를 넣어 불린다.
2. 불린 고춧가루 1번에 된장 / 라면 스프 / 소고기 분말 등 준비한 양념을 넣어, 골고루 섞는다.
3. 섞은 양념은 24시간 냉장 숙성 후 사용한다.

● 묵은지 감자탕 만들기 및 세팅

1. 돼지 등뼈와 목뼈는 찬물에 12시간 정도 담가 핏기를 제거한다.(돼지뼈 10kg 정도)
2. 찬 물에 돼지뼈를 넣고 약 20분 정도 끓여서 건진다.
3. 다시 찬물에 월계수 잎 3장 / 된장 100g / 통후추 5g / 통생강 100g / 통마늘 200g / 통양파 4개와 소주 1병을 넣고 살짝 삶은 돼지 뼈를 넣고 센 불 → 중불 → 약불의 순서로 불조절하면서 약 2시간 정도 삶는다.
4. 삶은 돼지 등뼈를 건지고, 돼지 등뼈 삶은 육수를 체에 걸러 놓는다.
5. 삶은 돼지 등뼈는 마르지 않게 걸러 놓은 육수에 다시 담가 놓는다.
6. 감자는 삶아 준비하고, 묵은지는 속을 털어 내고, 찬물에 한번 헹구어 놓는다.
7. 냄비에 헹군 묵은지를 담고, 돼지 육수를 붓고 약 30분 정도 쪄 낸후 건져 놓는다.
8. 주문 시 냄비에 돼지뼈를 담고, 묵은지를 얹고, 삶은 감자와 돼지 육수 / 숙성된 양념을 넣고, 갈은 마 / 갈은 생강, 소주를 넣고 끓인다.
9. 끓여진 묵은지 감자탕에 깻단과 대파 / 들깨 가루를 넣고 완성한다.
10. 겨자 간장을 제공한다.
11. 겨자 간장(겨자 간장 만드는 법은 182페이지 참조)

 뼈 해장국

뼈 해장국 육수 배합비

재료(약 20인)	중량	원가 산출
돼지 육수	20kg	
소고기 분말	10g	
사골 엑기스	50g	

뼈 해장국 양념 배합비

재료	중량	원가 산출
약간 매운 고춧가루	250g	
라면 스프	50g	
후춧가루	5g	
갈은 생강	60g	
갈은 마늘	120g	
소주	120g	
조미료	20g	
소고기 분말	10g	
볶은 소금	60g	
돼지 육수	400g	
간장	50g	
굴 소스	50g	
된장	200g	

뼈 해장국 세팅 재료 및 중량

재료	중량	원가 산출
삶은 돼지뼈	2개	
우거지	70g	
대파	10g	
들깨 가루	5g	
갈은 마늘	10g	
돼지 육수	500g	

● 뼈 해장국 육수 만들기

1. 돼지 육수에 소고기 분말 / 사골 엑기스를 분량에 맞게 넣어, 끓여 준다.
2. 돼지 육수(돼지 육수 만드는 법은 176페이지 참조)

● 뼈 해장국 양념 배합하기

1. 돼지 육수에 준비한 고춧가루를 넣어 불린다.
2. 불린 고춧가루 1번 양념에 된장 / 라면 스프 / 소고기 분말 등 준비된 양념을 넣어 섞는다.
3. 섞어 놓은 양념을 24시간 냉장 숙성 후 사용한다.

● 뼈 해장국 만들기 및 세팅

1. 돼지 등뼈와 목뼈는 찬물에 12시간 정도 담가 핏기를 충분히 뺀다.(돼지뼈 10kg 정도)
2. 찬 물에 돼지뼈를 넣고 약 20분 정도 끓여서 건진다.
3. 다시 찬물에 월계수 잎 3장 / 된장 100g / 통후추 5g / 통생강 100g / 통마늘 200g / 통양파 4개 / 소주 1병을 넣고 살짝 삶은 돼지뼈를 넣고 센 불 → 중불 → 약불로 불조절을 하면서 약 2시간 정도 삶는다.
4. 삶은 돼지 등뼈를 건지고, 돼지 등뼈 삶은 육수를 체에 걸러 놓는다.
5. 준비된 돼지 육수에 숙성된 양념을 넣고, 우거지 / 삶은 돼지 뼈를 넣고 약 1시간 정도 끓인다.
6. 불 조절은 센 불(20분) / 중불(20분) / 약불(10분)로 조절한다.
7. 5번에 끓인 우거지와 돼지뼈를 건져 각각 마르지 않게 젖은 면보를 덮어 보관한다.
8. 대파는 송송 썰어 놓는다.
9. 뚝배기에 삶아 놓은 돼지뼈 2개와 우거지 / 끓인 육수를 담고, 끓인다.
10. 완성이 될 때쯤 대파 / 들깨 가루를 얹어서 제공한다.

■ 고수의 노하우 포인트
• 삶아 놓은 돼지뼈가 말랐을 때는 육수에 담가 놓는다.

설렁탕

설렁탕 육수 배합비

재료(약 40인)	중량	원가 산출
사골 뼈	3kg	
소 잡뼈	2kg	
도가니	1kg	
양지머리	1kg	
사태	1kg	
물	50kg	
통마늘	500g	
통생강	100g	
통후추	10g	
월계수 잎	5장	
소주	2병	
대파 뿌리	30g	
통양파	300g	

설렁탕 세팅 재료 및 중량

재료(1인)	중량	원가 산출
사골 육수	600g	
양지머리	40g	
사태	60g	
삶은 국수	30g	
대파	15g	

● 설렁탕 육수 만들기

1. 찬물에 사골 뼈/잡뼈/도가니를 넣고 3시간 이상 불려 핏기를 충분히 제거한다.
2. 핏기가 제거된 뼈를 찬물에 넣고 약 30분 정도 삶아 건진다.
3. 큰 통에 삶아 건진 뼈를 담고, 물/통마늘/통생강/통양파/월계수 잎/대파뿌리/통후추를 넣고, 센 불/중불/약불로 조정하면서, 최소 12시간 정도 끓인다.
4. 중간에 양지머리와 사태/도가니를 넣고, 소주를 붓고, 약 1시간 20분 정도 지나면, 고기만 건져 놓는다.
5. 건진 고기는 기름을 제거하고, 양지와 사태는 편육으로 썰고 도가니는 먹기 좋게 썰어 놓는다.
6. 12시간 이상 끓인 육수에 넣었던 재료는 체로 건져내고, 육수는 기름을 중간 중간에 자주 걷어내고, 완전히 식힌 후 다시 기름을 건져낸다.

● 설렁탕 만들기 및 세팅

1. 국수는 삶아서 찬물에 헹구어 건져, 사리를 지어 놓는다.
2. 뚝배기에 육수를 넣고, 썰어 놓은 고기들을 담고, 뜨겁게 끓인다.
3. 끓고 있는 육수에 국수사리를 넣고, 대파를 송송 썰어, 설렁탕에 올려 완성한다.
4. 볶은 소금 후춧가루는 별도로 제공한다.

■ 고수의 노하우 포인트
• 소금은 천일염 9 : 1 맛소금을 약 1시간 정도 은근히 볶아서 사용한다.

 # 사골 부대찌개

사골 부대찌개 육수 배합비

재료(약 20인 ~)	중량	원가 산출
사골 육수	20kg	
사골 엑기스	30g	
볶은 소금	20g	

부대찌개 양념 배합비

재료	중량	원가 산출
중간 굵기 고춧가루	200g	
건고추	20g	
다진 양파	30g	
조미료	10g	
국간장	20g	
볶은 소금	20g	
설탕	10g	
후춧가루	1g	
고추장	20g	
사골 육수	400g	
굴 소스	30g	
소고기 분말	10g	
갈은 마늘	70g	

사골 부대찌개 세팅 재료 및 중량

재료(2인)	중량	원가 산출
부대찌개 햄	70g	
소시지(여러 종류)	150g	
베이컨	60g	
베이키드빈	80g	
감자	60g	
대파	60g	
양파	100g	
청·홍고추	10g	
갈은 마늘	20g	
부대찌개 육수	1000g	
쑥갓	20g	
떡국 떡	40g	
콩나물	30g	
돼지고기 민찌	20g	

● 사골 부대찌개 육수 배합하기

1. 사골 육수에 준비된 분말과 볶은 소금을 넣고 한 소큼 끓여 놓는다.
2. 사골 육수(사골 육수 만드는 법은 177페이지 참조)

● 사골 부대찌개 양념 배합하기

1. 식힌 사골 육수에 건 고추를 넣고 믹서에 갈아 준다.
2. 갈은 건 고춧물에 고춧가루를 넣어 불리고, 준비한 양념들을 섞어 배합시킨다.
3. 배합시킨 양념을 24시간 냉장 숙성 후 사용한다.

● 사골 부대찌개 만들기 및 세팅

1. 부대찌개 햄은 길죽하게 썬다.
2. 소시지는 어슷썰기를 한다.
3. 양파/대파/청·홍고추는 적당하게 썰어 놓는다.
4. 베이컨도 먹기 좋게 썰고, 베이키드빈은 통조림으로 준비한다.
5. 감자는 깍둑 썰어서 물에 담가 건져 놓는다.
6. 부대찌개 팬에 준비한 콩나물과 야채와 햄, 떡국 떡 / 베이키드빈을 담고, 쑥갓과 숙성된 양념을 넣고, 사골 육수를 붓는다.
7. 부대찌개가 끓고 있을 때 중간에 갈은 마늘을 넣어 준다.

■ 고수의 노하우 포인트
• 사골 부대찌개는 진한 맛이 느껴져 남성들이 더 많이 선호한다.

 순두부찌개

순두부찌개 양념 배합비

재료(약 20인)	중량	원가 산출
매운 고춧가루	240g	
볶은 소금	40g	
갈은 마늘	100g	
조미료	10g	
소고기 분말	10g	
사골 엑기스	100g	
다시마 멸치 육수	260g	
식용유	200g	

순두부찌개 세팅 재료 및 중량

재료	중량	원가 산출
바지락	30g	
애호박	20g	
순두부	150g	
해물 육수	200g	
대파	10g	
청양 홍고추	10g	
새우살	15g	
달걀	1개	
양파	20g	

● 순두부찌개 양념 배합하기

1. 사골 엑기스와 다시마 멸치 육수에 고춧가루를 넣어 불린다.
2. 불린 고춧가루 1번에 준비한 양념 재료를 넣어 골고루 배합시킨다.
3. 배합된 양념을 두꺼운 팬에 식용유를 넉넉히 넣고, 약 5분 정도 은근히 볶는다.
4. 볶은 양념은 냉장고에 넣고 사용한다.

● 순두부찌개 만들기 및 세팅

1. 바지락은 살짝 데쳐서 해감을 제거한다.
2. 호박은 은행잎 모양으로 썰고, 대파와 청·홍고추는 송송 썰어 놓는다.
3. 뚝배기에 썰어 놓은 야채와 바지락 / 새우살을 담고, 순두부와 해물 육수를 붓고 볶은 순두부 양념을 넣는다.
4. 불에 뚝배기를 올려 끓인다.
5. 바글바글 순두부찌개가 끓여지면, 달걀 / 대파, 청·홍고추를 얹어 완성한다.

■ 고수의 노하우 포인트

• 순두부 양념 제조시 식용유로 볶아서 별도의 고추기름이 필요없다.
• 양념을 볶을 때는 타지 않게 불 조절에 주의한다.
• 달걀은 별도 지급할 수 있다.

 묵은지 고등어조림

묵은지 고등어조림 양념 배합비

재료(약 20마리)	중량	원가 산출
고운 고춧가루	120g	
굵은 고춧가루	300g	
국 간장	50g	
진 간장	200g	
생강즙	150g	
양파즙	100g	
갈은 마늘	250g	
굴 소스	10g	
조미료	10g	
소주	150g	
다시마 멸치 육수	400g	
볶은 소금	30g	

묵은지 고등어조림 세팅 재료 및 중량

재료(1인)	중량	원가 산출
묵은지	150g	
고등어	3토막	
무	60g	
대파	30g	
청·홍고추	10g	
정종	20g	
갈은 마늘	30g	
갈은 생강	10g	
다시마 멸치 육수	500g	

● 묵은지 고등어조림 양념 배합하기

1. 다시마 멸치 육수에 고춧가루를 넣고, 충분히 불려 놓는다.
2. 불려진 고춧가루에 준비한 양념 재료를 넣고, 골고루 배합시켜 12시간 이상 냉장 숙성한다.

● 묵은지 고등어조림 만들기 및 세팅

1. 묵은지는 속을 털어내고 씻어서 준비한다.
2. 고등어는 토막을 내고, 쌀뜨물에 씻어, 건져 생강즙과 정종을 뿌려 놓는다.
3. 무는 나박나박 두껍게 썰고, 대파와 청·홍고추는 어슷 썰어 놓는다.
4. 속을 털어낸 묵은지 두 장에 생강즙을 뿌려 놓은 고등어를 넣고, 돌돌 말아 놓는다.
5. 냄비에 무를 깔고, 말아놓은 묵은지 고등어를 넣고, 숙성된 양념장과 육수를 붓고, 푹 끓인다.
6. 중간에 뚜껑을 열어, 생강즙과 정종을 한번 더 넣어주고, 불 조절을 중·약으로 조절하면서 끓인다.
7. 묵은지 고등어조림이 다 익으면 대파 채 / 청·홍고추를 올려 준다.

■ 고수의 노하우 포인트
• 양파를 사용하면, 양파의 단맛이, 오히려 묵은지 고등어조림의 맛을 감소시킬 수 있다.

바지락 칼국수

바지락 칼국수 육수 배합비		
재료(약 20인)	중량	원가 산출
조개 분말	100g	
혼다시	10g	
볶은 소금	40g	
멸치 분말	20g	
해물 육수	12kg	

바지락 칼국수 세팅 재료 및 중량		
재료(2인)	중량	원가 산출
바지락	600g	
대파	60g	
청·홍 고추	20g	
호박	40g	
양파	20g	
칼국수면	380g	

● 바지락 칼국수 육수 배합하기

1. 조개 분말 / 혼다시 / 볶은 소금 / 멸치 분말의 재료를 정량으로 배합시킨다.
2. 배합된 양념 파우더는 바지락 칼국수 육수에 넣어, 한 소끔 끓여 놓는다.

● 바지락 칼국수 만들기 및 세팅

1. 바지락은 소금물에 담가 충분히 해감을 시켜, 깨끗이 씻어 놓는다.
2. 해물 육수를 큰 냄비에 담아 끓인다.
3. 끓고 있는 육수에 바지락을 넣는다.
4. 바지락을 넣고, 칼국수면의 전분을 털어내고, 끓고 있는 육수에 넣는다.
5. 호박 / 양파 / 대파는 채를 썰어, 칼국수 면이 한 번 끓어오르면, 칼국수에 넣는다.
6. 야채를 넣고, 한 번 더 끓이고, 불을 끈 후 청·홍고추를 썰어 올려 완성한다.
7. 칼국수면(칼국수면 만드는 법은 180페이지 참조)

■ 고수의 노하우 포인트
• 칼국수를 직접 만들지 않고, 제품 칼국수를 사용할 경우에는 칼국수를 오래 끓여야 면이 충분히 익는다.
• 칼국수 육수의 염도는 4%~5%가 적당하다.

닭 한마리 칼국수

닭 한마리 칼국수 육수 배합비

재료(약 20회)	중량	원가 산출
치킨 파우더	70g	
찹쌀가루	30g	
땅콩 버터 잼	10g	
볶은 소금	30g	
닭 육수	30kg	

닭 한마리 칼국수 세팅 재료 및 중량

재료(2~3인)	중량	원가 산출
닭 한마리	600g	
대파	60g	
감자	20g	
갈은 마늘	40g	
양파	20g	
굵은 떡	100g	
청양고추	20g	
칼국수면	380g~	
육수	1.2kg~	

● 닭 한마리 칼국수 육수 배합하기

1. 치킨 분말 / 찹쌀가루 / 볶은 소금의 재료를 정량으로 배합시킨다.
2. 땅콩 버터 잼은 별도로 칼국수 끓일 때 넣는다.(약 20인 분량임.)
3. 배합된 양념 파우더는 닭 한마리 칼국수 육수에 넣어 한번 끓여 놓는다.

● 닭 한마리 칼국수 만들기 및 세팅

1. 닭 한마리를 끓고 있는 닭 육수에 넣고 약 45분 정도 삶아 건진다.
2. 감자는 큼직큼직하게 썰어 놓고, 대파는 5cm 길이로 썰고 청·홍고추는 송송 썰어 놓는다.
3. 굵은 떡은 약 3cm 길이로 굵게 썰어 놓는다.
4. 닭 육수에 굵은 떡과 감자와 닭을 넣고 끓인다.
5. 끓고 있는 닭 한마리에 대파를 넣어 준다.
6. 닭 한마리가 익으면, 먼저 닭을 건져, 양념에 먹게 한 후, 남은 국물에 칼국수와 야채를 넣어서 끓여 준다.
7. 양념(닭을 찍어 먹는 양념 만드는 법은 181페이지 참조)

■ 고수의 노하우 포인트
• 닭은 600g 이상 800g 이하 중량의 닭을 사용한다.

들깨 수제비

들깨 수제비 육수 양념 배합비

재료(약 20인)	중량	원가 산출
들깨 가루	1kg	
쌀가루	100g	
볶은 콩가루	40g	
땅콩 버터	1g	
다시마 멸치 육수	12kg	

들깨 수제비 육수 파우더

재료	중량	원가 산출
멸치 분말	50g	
소금	50g	
소고기 분말	20g	

들깨 수제비 세팅 재료 및 중량

재료(1인)	중량	원가 산출
반죽 수제비	200g	
호박	40g	
감자	80g	
들깨 가루	10g	
육수	600g	

● 들깨 수제비 육수 배합하기

1. 들깨 가루와 쌀가루/볶은 콩가루를 섞어서 굵은 채에 한번 내려 섞어 준비한다.
2. 땅콩 버터는 칼국수를 끓일 때 소량으로 넣어 끓인다.
3. 멸치 분말에 소금/소고기 분말을 섞어, 다시마 멸치 육수에 넣고 한 번 끓여 놓는다.

● 들깨 수제비 만들기 및 세팅

1. 끓여 놓은 다시마 멸치 육수에 배합된 들깨 가루 파우더를 넣고, 저어가면서 끓인다.
2. 감자는 둥글납작하게 썰고, 호박은 반달로 썰어 놓는다.
3. 들깨 육수가 끓으면, 불을 줄이고, 감자를 넣고, 수제비를 손으로 떼어 넣는다.
4. 중간 중간 수제비를 저어가면서 끓이다가, 호박을 넣는다.
5. 수제비가 다 익어 가면, 수제비 그릇에 옮겨 담고 들깨 가루를 올려 완성한다.
6. 수제비 반죽과 다시마 멸치 육수(수제비 반죽 만드는 법은 183 페이지 참조/다시마 멸치 육수 만드는 법은 179페이지 참조)

■ 고수의 노하우 포인트
• 들깨 육수 양념 파우더는 반드시 냉장 보관한다.

잔치국수

잔치국수 육수 배합비

재료(약 20인)	중량	원가 산출
멸치 분말	80g	
혼다시	10g	
볶은 소금	20g	
소고기 분말	10g	
다시마 멸치 육수	12kg	

잔치국수 세팅 재료 및 중량

재료	중량	원가 산출
국수	200g	
호박 채	30g	
당근 채	20g	
달걀 지단	20g	
김 가루	10g	
흑임자	약간	
다시마 멸치 육수	600g	
청·홍고추	10g	
실파	5g	

● 잔치국수 육수 배합하기

1. 멸치 분말과 혼다시/볶음 소금/소고기 분말을 혼합시켜 양념 파우더를 만든다.
2. 다시마 멸치 육수에 1번 양념 파우더를 넣고, 한번 끓여 놓는다.

● 잔치국수 만들기 및 세팅

1. 달걀은 풀어서 소금을 넣고, 팬을 달구어 달걀 지단을 부쳐, 식으면, 곱게 채를 썰어 놓는다.
2. 호박/당근도 채를 썰어 소금에 살짝 절여 물기를 꼭 짜서 볶아 놓는다.
3. 청·홍고추는 송송 썰어 물에 잠시 담궈 씨를 제거하고, 체에 건져 놓고, 실파는 송송 썰어 놓는다.
4. 끓는 물에 국수를 넣고, 삶아 찬물에 헹구어 건져 사리를 지어 놓는다.
5. 준비한 육수를 끓이고, 삶아 놓은 국수는 끓고 있는 육수에 토렴을 한다.
6. 그릇에 토렴한 국수를 담고, 볶아 놓은 야채와 지단을 올리고, 청·홍고추/실파/흑임자도 뿌려준다.
7. 다시마 멸치 육수(다시마 멸치 육수 만드는 법은 179페이지 참조)

■ 고수의 노하우 포인트
• 잔치국수에 김치를 올리는 경우도 있으나, 별도 제공하는 것이 깔끔한 맛을 느낄 수 있다.

야채 비빔국수

야채 비빔국수 양념 배합비

재료(약 20인)	중량	원가 산출
중간맵기 고운 고춧가루	200g	
조미료	10g	
설탕	270g	
꽃소금	50g	
요리당	50g	
갈은 마늘	90g	
발효 겨자	60g	
사이다	300g	
소고기 육수	600g	
갈은무	100g	
2배 식초	200g	
고추장	150g	
매실액	60g	
소주	60g	

야채 비빔국수 세팅 재료 및 중량

재료(1인분)	중량	원가 산출
국수	200g	
적채	20g	
당근	20g	
양배추	20g	
깻잎	5g	
오이	20g	
통깨	5g	
참기름	3g	
삶은 달걀	1/2	

● 야채 비빔국수 양념 배합하기

1. 소고기 육수에 고춧가루와 고추장을 넣고, 골고루 배합시킨다.

2. 배합시킨 1번 양념에 나머지 정량의 양념을 넣고, 골고루 섞은 후 24시간 냉장 숙성한다.

● 야채 비빔국수 만들기 및 세팅

1. 적채 / 양배추 / 당근 / 오이 / 깻잎은 곱게 채를 썰어서 찬물에 담가 건져 체에 받쳐 물기를 제거한다.

2. 국수는 삶아서, 찬물에 여러 번 헹구어 건져 사리를 지어 놓는다.

3. 달걀은 삶아 찬물에 식힌 후, 껍질을 벗겨 반으로 갈라놓는다.

4. 그릇에 삶은 국수를 담고, 물기를 제거시킨 야채를 올리고, 숙성된 비빔장 양념을 넣어 준다.

5. 양념을 넣은 국수에 통깨와 참기름을 뿌리고, 삶은 달걀을 올려 준다.

■ 고수의 노하우 포인트

• 국수는 삶아서 얼음물에 헹구면, 쫄깃쫄깃한 맛을 느낄 수 있다.

• 양념은 3일이 지나면, 맛이 감소된다.

쟁반 막국수

쟁반 막국수 양념 배합비

재료(약 20인)	중량	원가 산출
맵고 고운 고춧가루	200g	
조미료	10g	
설탕	350g	
꽃소금	50g	
갈은 사과	200g	
갈은 마늘	100g	
물에 갠 와사비	60g	
사이다	300g	
소고기 육수	500g	
갈은 양파	150g	
2배 식초	200g	
고추장	50g	
매실 엑기스	60g	
소주	60g	
진 간장	50g	
생강즙	10g	

쟁반 막국수 세팅 재료 및 중량

재료(2~3인)	중량	원가 산출
메밀국수	400g	
적채	40g	
당근	60g	
양배추	60g	
깻잎	15g	
오이	60g	
통깨	10g	
참기름	10g	
삶은 달걀	1개	
건포도	30g	
땅콩	30g	
상추잎	5장	
쟁반국수 양념	250g~	
배	50g	

● 쟁반 막국수 양념 배합하기

1. 소고기 육수에 고춧가루와 고추장을 섞어 놓는다.
2. 섞여진 고춧가루에 준비한 정량의 양념들을 넣고 골고루 섞은 후 24시간 냉장 숙성한다.

● 쟁반 막국수 만들기 및 세팅

1. 적채/양배추/당근/오이/깻잎은 곱게 채를 썰어서 찬물에 담가 체에 건져 물기를 제거한다.
2. 메밀국수는 삶아서 찬물에 헹구어 건져 채반에 사리를 지어 놓는다.
3. 달걀은 삶아서 껍질을 벗기고 1/4 등분으로 썰어서 준비해 놓는다.
4. 배는 채를 썰어, 설탕을 살짝 뿌려 놓는다.
5. 상추는 굵은 채로 썰어 물에 담가 건져 놓는다.
6. 넓은 쟁반국수 그릇에 물기를 제거한 야채들을 골고루 돌려 담는다.
7. 사리를 지어놓은 메밀국수에 참기름 넣고, 버무려서, 돌려 담은 야채 위에 올려놓는다.
8. 국수 위에 땅콩과 건포도를 올리고, 달걀을 돌려 담은 후, 숙성된 양념을 얹어 완성한다.

■ 고수의 노하우 포인트
• 땅콩은 가루를 사용하는 경우가 종종 있는데, 땅콩가루가 치아 사이에 끼는 불상사가 가끔 생긴다.

물냉면

물냉면 육수 양념 배합비

재료(약 20인)	중량	원가 산출
소고기 육수	7kg	
동치미 국물	4kg	
소고기 엑기스	500g	
설탕	200g	
식초	200g	
소금	80g	
매실액	100g	
발효 겨자	20g	

물냉면 세팅 재료 및 중량

재료(1인)	중량	원가 산출
무	50g	
오이	30g	
배	40g	
양지머리	50g	
사태	30g	
고운 고춧가루	5g	
식초	5g	
설탕	5g	
소금	1g	
냉면 육수	500g~	
삶은 달걀	1/2개	
냉면	180g	

● 물냉면 육수 양념 배합하기

1. 준비된 소고기 육수에 동치미 국물을 비율에 맞게 섞는다.

2. 소고기 엑기스에 설탕과 소금을 넣고, 살짝 끓여 식힌다.

3. 식힌 엑기스를 1번 육수에 넣고, 매실액 / 발효 겨자 / 식초를 넣어, 골고루 섞은 후 슬러시 냉장고에 보관한다.

4. 소고기 육수 / 동치미(소고기 육수 만드는 법은 177페이지 참조 / 동치미 만드는 법은 179페이지 참조)

● 물냉면 만들기 및 세팅

1. 무는 얇고, 납작하게 썰어서 소금 / 설탕 / 식초에 절인 후 고춧가루를 넣고 무친다.

2. 오이도 반으로 갈라 소금에 살짝 절여 물기를 꼭 짜놓는다.

3. 끓는 물에 통후추 / 월계수 잎 / 통생강 / 통양파 / 통마늘 / 정종을 넣고, 양지머리와 사태를 넣어, 약 1시간 정도 삶아 건져 식혀, 얇게 편으로 썰어 놓는다.

4. 달걀은 삶아서 찬물에 식혀 1/2 등분으로 잘라 놓는다.

5. 배는 껍질을 벗기고, 씨를 제거한 후 반달형으로 썰어 설탕을 살짝 뿌려 놓는다.

6. 끓는 물에 냉면을 삶아 얼음물에 헹구어 건져 채반에 사리를 지어 놓는다.

7. 그릇에 삶은 냉면을 담고, 고명으로 고기 / 무 / 오이 / 달걀을 얹고 슬러시된 육수를 부어 제공한다.

■ **고수의 노하우 포인트**

• 물냉면 의 편육고기는 삶아 건져 뜨거울 때 거즈에 싸서 무거운 것으로 단단히 눌러 놓는다.

 # 비빔냉면

비빔냉면 양념 배합비

재료(약 20인)	중량	원가 산출
사이다	300g	
건 고추	50g	
갈은 양파	200g	
갈은 무	100g	
진 간장	300g	
고운 고춧가루	200g	
갈은 마늘	200g	
갈은 생강	50g	
꽃소금	60g	
조미료	15g	
소고기 엑기스	50g	
흰 설탕	250g	
식초	100g	
매실액	100g	
후춧가루	5g	
소고기 육수	400g	

비빔냉면 세팅 재료 및 중량

재료(1인)	중량	원가 산출
무	50g	
오이	30g	
배	40	
볶은 소고기	40g	
깨가루	10g	
고운 고춧가루	5g	
식초	5g	
설탕	5g	
소금	1g	
참기름	5g	
삶은 달걀	1/2개	
냉면	180g	
냉면 육수	40g	
삶은 양지	1쪽	
삶은 사태	1쪽	

● 비빔냉면 양념 배합하기

1. 건 고추를 자작하게 물을 붓고 불린다.

2. 불린 건 고추를 믹서기에 곱게 갈고, 고춧가루를 섞는다.

3. 섞은 고춧가루 2번에 사이다와 준비한 양념을 넣어, 배합시킨 후 냉장 숙성시킨다.(48시간 숙성)

● 비빔냉면 만들기 및 세팅

1. 갈은 소고기에 불고기 양념장을 넣고, 무친 후 은근히 볶아 준비한다.(불고기 양념장 만드는 법은 183페이지 참조)

2. 무는 채를 썰고 / 오이는 반으로 갈라 얇게 썰어서 소금에 살짝 절여, 물기를 짜 놓는다.

3. 물기를 제거한 오이 / 무채에 설탕 / 고춧가루 / 식초를 넣어 무친다.

4. 달걀은 삶아 찬물에 열기를 식힌 후 껍질을 제거시켜 1/2 등분으로 준비한다.

5. 삶은 양지와 사태는 얇게 썰어 놓는다.

6. 면은 삶아서, 찬 얼음물에 여러 번 씻어 사리를 만들어 놓는다.

7. 냉면 그릇에 냉면 육수 약 40g을 담고, 삶은 면을 얹고, 비빔장을 담아, 볶은 소고기 / 편육 / 무·오이무침과 삶은 달걀을 올리고, 참기름과 깨 가루를 듬뿍 뿌려 완성한다.

■ 고수의 노하우 포인트
• 비빔냉면에 김 가루를 사용하기도 한다.

왕만두 속 재료 및 양념 배합비

재료(약 100개 이상)	중량	원가 산출
데친 배추잎	2kg	
마른 당면	400g	
생양파	1kg	
두부	2kg	
돼지고기 민찌	1kg	
표고버섯	200g	
불린 무말랭이	400g	
부추	200g	
후춧가루	3g	
소주	50g	
갈은 생강	30g	
소고기 분말	20g	
갈은 마늘	120g	
참기름	50g	
조미료	10g	
소금	10g	
왕만두피	100장	

● 왕만두 양념 배합 및 만들기

1. 마른 당면은 뜨거운 물에 불려 놓는다.
2. 무말랭이는 충분히 불린 후 한번 삶아 여러 번 깨끗이 씻어 물기를 짜 놓는다.
3. 표고버섯은 뜨거운 물에 불려, 깨끗이 씻어 물기를 짜 놓는다.
4. 데친 배추잎 / 표고버섯 / 삶은 무말랭이 / 당면은 굵은 입자로 다진다.
5. 부추는 약 0.5cm 길이로 썰어놓는다.
6. 돼지 민찌에 생강즙과 소주를 붓고, 골고루 섞는다.
7. 양념이 된 돼지 민찌에 준비한 나머지 양념과 야채를 넣고 잘 버무린다. 이때 부추는 넣지 않는다.
8. 비빈 만두 속에 참기름과 부추를 넣고 한 번 더 살짝 버무린다.
9. 왕만두 피에 버무린 만두 속을 채우고, 만두를 빚는다.
10. 찜통에 김이 오르면, 약 7~8분 정도 찐다.

■ 고수의 노하우 포인트
- 왕 만두는 찜 솥의 불 강 약에 따라 찌는 시간이 달라 질 수 있다.
- 부추는 항상 마지막에 넣고 버무린다.

보리 비빔밥

보리 비빔밥 재료 및 배합비

재료(약 20인)	중량	원가 산출
불린 보리쌀	3kg	
불린쌀	500g	
무	800g	
콩나물	800g	
부추	600g	
호박	800g	
느타리버섯	800g	
어린잎 순	400g	
맛소금	30g	
고춧가루	40g	
갈은 마늘	60g	
참기름	30g	
통깨	20g	
식용유	50g	
설탕	50g	
김 가루	100g	
소금	20g	

보리 비빔밥 세팅 재료 및 배합비

재료(1인)	중량	원가 산출
보리밥	1공기	
무생채	40g	
부추무침	40g	
콩나물	40g	
표고버섯	40g	
어린잎 순	20g	
콩나물	40g	
김 가루	5g	
참기름	5g	

● 보리 비빔밥 만들기 및 세팅

1. 불린 보리쌀과 불린 쌀을 섞어 밥을 짓는다.
2. 어린잎 순은 깨끗이 씻어 채반에 받쳐 물기를 제거한다.
3. 무는 채를 썰어 소금에 절인 후, 물기를 짠 후 고춧가루/설탕/ 갈은 마늘에 무친다.
4. 콩나물은 삶아 식힌 후 맛소금과 참기름으로 무친다.
5. 부추는 먹기 좋게 썰어, 고춧가루와 맛소금/참기름으로 무친다.
6. 호박은 반달로 썰어 소금에 살짝 절여 물기를 짠 후 팬에, 빠르게 볶아 식혀서 준비한다.
7. 표고버섯은 뜨거운 물에 불려, 물기를 꼭 짜고, 채를 썰어, 맛소금/참기름에 볶아 놓는다.
8. 보리밥을 비빔밥 그릇에 담는다.
9. 별도의 접시에 준비한 나물과 김 가루/생채를 돌려 담고 가운데 비빔장을 놓는다.
10. 참기름 또는 들기름은 별도 지급한다.
11. 비빔 고추장(비빔 고추장 만드는 법은 182페이지 참조)

■ 고수의 노하우 포인트
• 열무김치를 넣은 열무 보리 비빔밥도 응용할 수 있다.

우렁 쌈

우렁 쌈 양념 배합비

재료(약 20인)	중량	원가 산출
재래 된장	400g	
콩된장	600g	
우렁이	600g	
양파	250g	
다시마 멸치 육수	300g	
조미료	10g	
식용유	60g	
흰 물엿	7g	
갈은 마늘	30g	
굵은 고춧가루	20g	
연유	60g	
청양고추	100g	
실파	200g	

우렁 쌈 세팅 재료 및 중량

재료(2인)	중량	원가 산출
당귀잎	2장	
겨자잎	2장	
상추	4장	
깻잎	5장	
케일잎	2장	
비트잎	2장	
신선초	2~3장	
레드 치커리	2장	
로즈잎	2장	
쌈추	2장	
배춧잎	4장	

● 우렁 쌈 양념 배합하기

1. 양파는 곱게 다지고, 청양고추는 송송 썰어 놓는다.
2. 실파는 송송 썰어서 준비한다.
3. 우렁이는 끓는 물에 데쳐, 물기를 채에 받쳐 놓는다.
4. 두꺼운 팬에 식용유를 넣고, 양파를 볶다가 준비한 된장을 넣고, 갈은 마늘을 넣고 은근히 볶는다.
5. 볶아지는 된장에 다시마 멸치 육수를 붓고, 준비된 나머지 양념을 넣어, 은근히 저어 가면서 볶는다.
6. 불을 끄고, 연유를 섞어, 한 김 식힌다.
7. 우렁 쌈 된장을 제공할 때 삶은 우렁이와 실파 / 청양 고추를 섞어 살짝 한번 끓여서 완성한다.

● 우렁 쌈 만들기 및 세팅

1. 쌈 야채는 종류별로 깨끗이 씻어 채반에 담아, 물기를 빼고, 각각 종류별로 모둠어 담아놓는다.
2. 모둠쌈 바구니를 비닐로 덮어 야채 냉장고에 보관한 후 가끔 물 스프레이로 뿌려 준다.
3. 우렁 쌈은 모둠 쌈과 우렁 된장을 제공한다.

■ 고수의 노하우 포인트

• 냉동 우렁이를 사용할 경우 자연 해동 후 사용한다.
• 우렁이를 데칠 때 끓는 물에 양파/소주를 넣고 데치면, 비릿한 맛을 제거시킬 수 있다.

 보쌈 정식

보쌈 고기 삶는 배합비

재료	중량	원가 산출
시골 된장	200g	
소고기 분말	10g	
조미료	10g	
소주	1병	
물	8kg	
갈은 마늘	200g	
갈은 생강	150g	
통후추	2g	
통마늘	120g	
월계수 잎	1잎	
통양파	250g	
대파 뿌리	25g	
돼지고기 삼겹	10kg	

보쌈 정식 김치 배합비

재료	중량	원가 산출
굵은 고춧가루	80g	
매운 고춧가루	30g	
새우젓	10g	
갈은 사과	20g	
설탕	50g	
올리고당	80g	
꽃소금	20g	
조미료	10g	
까나리 액젓	10g	
갈은 마늘	15g	
생강	5g	
무	500g	
실파	40g	
배	60g	
절인 배춧잎	3장	

보쌈 정식 세팅 재료 및 중량

재료(1인)	중량	원가 산출
삶은 고기	150g	
야채 무침	40g	
절인 배추	70	
상추	4장	
깻잎	3장	
양배추찜	4장	
고추 / 마늘	10g	
새우젓	20g	
밥	1인분	
찬류	4찬	
찌개	된장찌개 또는 국	

● 보쌈 고기 삶기

1. 돼지고기는 찬물에 30분 정도 담가 핏기를 빼고, 건져 놓는다.
2. 고기 삶을 물에 갈은 마늘 / 갈은 생강 / 대파 뿌리 / 통양파 / 통마늘 / 월계수 잎 / 된장을 풀어 끓인다.
3. 물이 끓고 있으면, 건져 놓은 돼지고기를 넣는다.
4. 고기를 넣고 끓으면, 준비한 소주를 넣고 약 50분 삶는다.
5. 불 조절은 센 불(20분) / 중불(20분) / 뜸불(10분)로 삶는다.
6. 뜸불로 불 조절을 한 후 불을 끄고 약 5분 있다가 삶은 고기를 건져 사용한다.

● 보쌈김치 속 만들기 및 세팅

1. 무는 채를 썰어 소금에 약 30분 정도 절인다.
2. 절인 무채는 물기를 짜 놓는다.
3. 절인 무채에 양념 분량의 고춧가루를 넣고, 골고루 버무려 색을 들인다.
4. 고춧가루에 버무린 무채에 나머지 양념 재료를 넣고 버무린다.
5. 양념을 넣고 버무린 무채에 실파 / 배 / 참기름을 넣고, 한 번 더 살살 버무린다.
6. 절인 배추잎을 깔고, 버무린 무채를 넣어 돌돌 말아 먹기 좋게 썰어 놓는다.
7. 접시 한쪽에 삶은 돼지고기를 썰어서 담고, 한쪽에 썰은 김치를 담아 완성한다.

■ **고수의 노하우 포인트**
• 보쌈 정식에 김치를 사용하지 않고, 무채와 절인 배추만 제공할 경우, 무채는 약간 굵게 썰어 사용하면, 식감이 좋다.

간장 게장 정식

간장 게장 양념 배합비

재료	중량	원가 산출
진 간장	1.5kg	
통마늘	200g	
편 생강	100g	
콜라	900g	
통후추	10g	
소주	900g	
고추씨	50g	
통양파	250g	
감초	5g	
설탕	20g	
대파 뿌리	10g	
꽃게	10마리	

간장 게장 정식 세팅 재료 및 중량

재료(1인)	중량	원가 산출
간장 게장	1마리	
청·홍고추	10g	
실파	5g	
통깨	3g	

● 간장 게장 만들기 및 양념 배합하기

1. 꽃게는 솔을 이용하여 깨끗이 씻어 채반에 건져 놓는다.
2. 통에 씻어놓은 꽃게를 담고, 간장 / 콜라와 양념 양파 / 대파 뿌리 / 고추씨 등 준비한 식재료를 모두 넣는다.
3. 간장에 절인 꽃게를 냉장 숙성 3일 후, 꽃게를 꺼내고 나머지 간장과 재료는 팔팔 끓여 충분히 식힌다.
4. 식힌 양념을 다시 꽃게에 붓고, 냉장고에서 약 3일간 숙성 보관 한다.

● 간장 게장 정식 만들기 및 세팅

1. 숙성된 간장 게장통에서 꽃게를 한 마리 꺼내 등껍질을 열고, 앞부분 작은 껍질은 버린다.
2. 가위로 꽃게를 1/6 등분으로 잘라 꽃게 등껍질 위에 올려 준다.
3. 실파 / 청·홍고추는 송송 썰어 통깨와 함께 간장 게장 위에 올려 준다.

■ **고수의 노하우 포인트**
• 꽃게를 건져 낸 간장은 버리지 말고, 다시 끓여서 양념으로 활용한다.

새우 영양죽

새우 영양죽 배합비

재료(약 20인)	중량	원가 산출
불린 찹쌀	500g	
불린 쌀	1.5kg	
해물 육수	12kg	

새우 영양죽 세팅 재료 및 중량

재료(1인)	중량	원가 산출
깐 새우	120g	
당근	20g	
표고버섯	20g	
부추	10g	
김 가루	5g	
깨 가루	5g	

● 새우 영양죽 배합하기

1. 불린 찹쌀과 불린 쌀을 섞는다.
2. 섞은 쌀은 해물 육수를 붓고 밥알이 완전히 퍼질 정도로 끓여 놓는다.

● 새우 영양죽 만들기 및 세팅

1. 깐 새우는 물에 씻어 채에 받쳐 놓는다.
2. 표고는 물에 불려서 입자가 있게 다져 놓는다.
3. 당근도 입자가 있게 굵게 다진다.
4. 부추는 송송 작게 썰어 놓는다.
5. 주문시, 끓여 놓은 죽밥을 1인분 양에 맞게, 육수를 조금씩 넣어가면서 나무주걱으로 저어가면서, 깐 새우와 다진 야채를 넣고, 은근히 끓여 완성한다.
6. 완성된 죽 위에 곱게 갈은 깨 가루와 김 가루를 올린다.
7. 볶은 소금 또는 간장은 별도로 제공한다.

■ 고수의 노하우 포인트
• 새우 영양죽은 연령별에 따라 다양한 야채를 넣어 죽을 끓일 수 있다.
• 예시 : 대추 / 인삼 / 전복 등

골뱅이 소면

골뱅이 소면 양념 배합비

재료(약 10접시)	중량	원가 산출
간장	140g	
고추장	70g	
약간 매운 고춧가루	300g	
꽃소금	60g	
설탕	200g	
요리당	200g	
매실액	100g	
조미료	10g	
갈은 마늘	100g	
갈은 생강	50g	
소주	60g	
사이다	500g	
2배 식초	100g	
발효 겨자	10g	

골뱅이 소면 세팅 재료 및 중량

재료(한 접시)	중량	원가 산출
삶은 국수	200g	
골뱅이	130g	
오이	80g	
당근	60g	
청·홍고추	40g	
오징어포	50g	
양파	80g	
골뱅이 국물	10g	
대파 채	120g	
깻잎	5g	
양배추	40g	
통깨	5g	
참기름	5g	
식초	15g	

● 골뱅이 소면 양념 배합하기

1. 요리당과 간장을 섞은 후, 고춧가루를 넣고, 골고루 배합시킨다.
2. 배합된 1번 양념에 고추장과 나머지 양념을 넣고, 섞는다.
3. 양념을 골고루 섞은 2번 양념을 24시간 냉장 숙성 후 사용한다.

● 골뱅이 소면 만들기 및 세팅

1. 국수는 삶아 찬물에 여러 번 헹구어 채반에 건져 참기름으로 살짝 무쳐 사리를 지어 놓는다.
2. 당근 / 양파 / 오이 / 청·홍고추는 어슷어슷하게 채를 썰어 놓는다.
3. 대파는 길게 대파 채를 만들고, 깻잎은 채를 썰어 대파와 섞어 놓는다.
4. 골뱅이는 캔을 따서, 국물을 버리지 않고, 골뱅이만 큼직하게 썰어 놓는다.
5. 숙성된 양념에 골뱅이 국물을 넣고, 골뱅이를 먼저 무친 후, 준비한 야채들을 넣고 무친다.
6. 접시에 삶은 국수를 올리고, 골뱅이 무침과 대파 채를 올려 완성한다.
7. 골뱅이 무침에 통깨를 뿌려 준다.

■ 고수의 노하우 포인트

- 유명한 을지로 골뱅이는 골뱅이와 대파 채를 듬뿍 넣어 만든다.
- 골뱅이 양념은 3일이 지나면, 양념 맛이 다소 떨어진다.
- 골뱅이 무칠 때는 식초와 갈은 마늘을 더 첨가 후 무친다.

 불 곱창볶음

불 곱창볶음 양념 배합비

재료(약 10접시)	중량	원가 산출
고추장	100g	
간장	250g	
설탕	100g	
갈은 마늘	150g	
청양 고춧가루	100g	
굵은 고춧가루	150g	
조미료	20g	
소고기 분말	20g	
후춧가루	2g	
생강즙	100g	
소주	200g	
검은 물엿	100g	
양파즙	100g	
파인애플즙	50g	
배즙 음료	100g	
굴 소스	50g	

불 곱창볶음 세팅 재료 및 중량

재료(한 접시)	중량	원가 산출
곱창	200g	
양파	60g	
대파	30g	
당근	40g	
청양고추	10g	
홍고추	5g	
불린 당면	70g	
떡볶이 떡	40g	
통깨	5g	
태국 고추	6g	
편 마늘	5g	
소주	10g	
식용유	10g	
깻잎	15g	

● 불 곱창 양념 배합하기

1. 검은 물엿에 소주를 섞고, 고춧가루를 넣어, 골고루 배합시킨다.
2. 배합된 1번 양념에 나머지 준비된 양념을 넣어 골고루 섞는다.
3. 섞인 곱창 양념은 24시간 냉장 숙성시켜 사용한다.

● 불 곱창 만들기 및 세팅

1. 곱창은 굵은 소금과 밀가루를 넣고, 바락바락 주물러 냄새와 곱을 제거하고 흐르는 물에 깨끗이 씻는다.
2. 씻어 놓은 곱창에 소주와 생강즙을 넣고 비닐에 담아 하루 정도 숙성시킨다.
3. 끓는 물에 된장을 풀고, 소주와 월계수 잎을 넣고 곱창을 넣어 살짝 데쳐, 건진 후 먹기 좋게 썰어 준비한다.
4. 양파와 당근은 굵은 채로 썰고, 대파는 5cm 길이로 썰어 놓는다.
5. 태국 고추는 입자가 굵게 잘라 놓는다.
6. 팬에 식용유를 넣고, 태국 고추를 넣어 은근히 볶다가 편 마늘을 넣는다.
7. 숙성된 곱창을 팬에 넣고 소주를 붓고 볶다가, 곱창 양념을 넣어 볶는다.
8. 중간쯤 야채와 떡을 넣고, 불린 당면을 넣어 볶는다.
9. 완성이 되면, 불을 끄고, 깻잎과 통깨를 넣어 마무리한다.

■ 고수의 노하우 포인트
• 매운맛을 유지하기 위해 참기름을 사용하지 않는다.

참치 고추장구이 샐러드

참치 고추장구이 샐러드 소스 배합비

재료	중량	원가 산출
고추장	200g	
식초	20g	
핫 소스	50g	
갈은 마늘	50g	
요리당	40g	
소금	2g	
핫 칠리	100g	
양파즙	50g	
생강즙	5g	
와인	30g	

참치 고추장구이 샐러드 세팅 재료 및 중량

재료(1인)	중량	원가 산출
참치	250g	
밀가루	50g	
달걀	1개	
소금	약간	
후춧가루	약간	
통후추	2g	
치커리	20g	
양상추	70g	
토마토	1개	
흑임자 / 참깨	20g	
올리브 오일	10g	

● 참치 고추장구이 샐러드 배합하기

1. 냄비에 고추장과 양념 재료를 넣고 한 소큼 끓인다.
2. 끓인 소스는 식힌 후 냉장 보관한다.

● 참치 고추장구이 샐러드 만들기 및 세팅

1. 참치는 해동 후 통째로 소금과 후춧가루를 뿌려 밑간을 한다.
2. 밑간을 한 참치에 밀가루와 달걀 물을 입힌다.
3. 통후추는 입자 있게 다져 흑임자 / 참깨에 섞은 후, 달걀 물을 입힌 참치에 솔솔 앞뒤로 뿌린다.
4. 양상추는 손으로 뜯어 찬 물에 담가 건져 체에 받쳐 놓는다.
5. 치커리도 깨끗이 씻어 준비한다.
6. 토마토는 먹기 좋게 썰어 놓는다.
7. 팬에 올리브 오일을 넣고, 팬이 뜨거워 지면, 참치를 넣고, 앞뒤를 돌려가며 표면만 굽는다.
8. 구워진 참치는 썰고, 접시에 준비한 야채를 깔아주고, 그 위에 참치를 올린다.
9. 보관된 고추장 소스를 참치 위에 올려서 마무리한다.

■ 고수의 노하우 포인트
• 통후추를 갈 때 입자가 크지 않게 주의한다.

파인애플 보트 과일 샐러드

파인애플 보트 과일 샐러드 소스 배합비

재료(약 10개)	중량	원가 산출
플레인 요구르트	400g	
머스터드	50g	
마요네즈	1kg	
연유	100g	
레몬즙	5g	

파인애플 보트 과일 샐러드 세팅 재료 및 중량

재료(1인)	중량	원가 산출
파인애플	1/2개	
사과	1/4개	
수박	80g	
키위	60g	
메론	60g	
체리	20g	

● 파인애플 보트 과일 샐러드 소스 배합하기

1. 플레인 요구르트와 마요네즈를 섞어서 배합한다.
2. 배합된 마요네즈 소스에 연유와 머스터드를 넣고 거품기로 골고루 섞은 후 레몬즙을 뿌려 섞는다.
3. 만든 소스는 냉장고에 보관시킨다.

● 파인애플 보트 과일 샐러드 만들기 및 세팅

1. 파인애플은 반으로 잘라 속을 파 낸 후 밑바닥을 약간 깎아 보트의 안정감을 만들어 놓는다.
2. 사과는 껍질을 깨끗이 씻어, 껍질째 깍둑 모양으로 썰어 놓는다.
3. 수박은 깍둑 모양으로 썰어 놓는다.
4. 키위는 껍질을 제거하고, 깍둑 모양으로 썰고, 메론도 속을 제거하고, 깍둑 모양으로 썰어 준비한다.
5. 체리는 꼭지를 제거시켜 놓는다.
6. 파인애플 보트에 준비한 과일을 고르게 섞어서 담는다.
7. 먹기 직전, 준비한 과일 소스를 올려 완성한다.
8. 파슬리 또는 보트에 관련된 장식을 하기도 한다.

■ **고수의 노하우 포인트**
• 과일은 다양하게 계절 과일을 사용할 수 있으며, 만들어 놓은 소스는 과일에 섞는 것보다는 올려서 제공하는 것이 훨씬 시각적 효과가 좋다.
• 소스는 그날 그날 만들것!

황도 아이스

황도 아이스 배합비 및 만들기		
재료	중량	원가 산출
황도 캔	1통	
설탕조림 체리	5개	
파인애플 캔	100g	
오렌지 주스	100g	
황도 캔 주스	1캔	

● 황도 아이스 배합과 만들기 및 세팅

1. 황도 캔 뚜껑을 열어 황도를 꺼내 국물은 따로 체에 받쳐 놓는다.
2. 황도는 1/4 등분으로 잘라 놓는다.
3. 파인애플과 오렌지 주스/황도 국물을 믹서기에 넣어 갈아 살짝 얼린다.
4. 접시에 황도와 체리를 올리고, 갈아놓은 주스를 붓고, 황도와 체리를 올려 완성한다.

■ 고수의 노하우 포인트
• 황도 캔만 따서 제공하는 것보다는 국물과 주스를 이용한 황도 아이스를 만든다.

 나쵸 깐풍기

나쵸 깐풍기 양념 배합비

재료(약 10접시)	중량	원가 산출
간장	400g	
굴 소스	40g	
설탕	250g	
식초	20g	
생강즙	20g	
정종	50g	
매실액	30g	
통후추	10g	

나쵸 깐풍기 세팅 재료 및 중량

재료(한 접시)	중량	원가 산출
생닭	1/2마리	
달걀	1개	
된 녹말	40g	
당근	30g	
양파	50g	
태국 고추	5g	
실파	10g	
나쵸	50g	
후춧가루	1g	
정종	10g	
생강즙	5g	
편 마늘	10g	
튀김기름	1리터 이상	
고추기름	10g	
청·홍고추	10g	
참기름	5g	

● 나쵸 깐풍기 양념 배합하기

1. 간장과 굴 소스 / 설탕 / 통후추를 냄비에 담고, 설탕이 녹을 정도로 살짝 끓인다.
2. 끓인 양념에 준비한 나머지 양념을 넣고, 골고루 배합시킨다.
3. 배합된 양념 2번을 냉장 보관 후 사용한다.
4. 소스를 사용할 때는 소스 안에서 통후추는 빼고 사용한다 .

● 나쵸 깐풍기 만들기 및 세팅

1. 닭은 토막을 내서 깨끗이 씻어 체에 받쳐 놓는다.
2. 준비한 닭에 생강즙 / 정종 / 후춧가루를 넣고 버무려 하루 정도 숙성시킨다.
3. 숙성된 닭에 달걀 물을 조금 섞고, 된 녹말을 넣어 버무린다.
4. 튀김 기름은 온도를 170℃로 맞추고, 된 녹말에 버무린 닭을 기름에 넣어 두 번 튀겨 낸다.
5. 양파와 당근 / 실파 / 청·홍고추는 송송 썰어 놓는다.
6. 팬에 고추기름을 살짝 두르고, 태국 고추와 썰어 놓은 당근과 양파를 넣고 볶는다.
7. 볶아지는 팬에 깐풍기 양념을 넣고, 튀긴 닭을 넣고 졸이듯이 볶는다.
8. 다 볶아지면, 불을 끄고 나쵸를 넣어 가볍게 섞은 후 그릇에 담는다.
9. 청·홍고추와 실파를 솔솔 뿌려 마무리한다.

■ 고수의 노하우 포인트

- 된 녹말은 녹말과 물을 5:5로 섞어서, 녹말을 가라앉히면, 물과 분리가 된다.
- 분리된 물은 따라 버렸을 때, 가라앉은 녹말을 된 녹말이라 한다.
- 튀김에는 된 녹말을 많이 사용한다.

 # 햄 두부 김치

햄 두부 김치 양념 배합비

재료(약 10접시)	중량	원가 산출
굵은 고춧가루	200g	
매운 고춧가루	50g	
조미료	10g	
후춧가루	0.5g	
갈은 생강	30g	
갈은 마늘	60g	
다진 양파	30g	
소주	50g	
다시마 멸치 육수	200g	
굴 소스	30g	
설탕	20g	
요리당	50g	
소고기 분말	10g	

햄 두부 김치 세팅 재료 및 중량

재료(한 접시)	중량	원가 산출
두부	1모	
숙성 김치	400g	
실파	20g	
청·홍고추	10g	
통깨	5g	
참기름	10g	
캔 햄	1통	
식용유	10g	

● 햄 두부 김치 양념 배합하기

1. 굵은 고춧가루와 매운 고춧가루를 섞어놓는다.

2. 섞어놓은 고춧가루 1번 양념에 육수 또는 물을 섞어 배합시킨다.

3. 소주와 나머지 준비된 양념을 넣고, 골고루 섞어서 냉장 보관 후 김치 볶음에 사용한다.

● 햄 두부 김치 만들기 및 세팅

1. 두부는 따뜻한 물에 담가 놓는다.

2. 숙성된 김치는 속을 털어 내고, 먹기 좋게 썰어 준비한다.

3. 청·홍고추와 실파는 송송 썰어 놓는다.

4. 팬에 식용유를 두르고, 팬이 뜨겁게 달궈지면, 김치를 넣고 볶는다.

5. 중간에 숙성된 양념을 넣고 얼큰하게 볶는다.

6. 두부는 꺼내서 물기를 제거하고 두툼한 삼각형 모양으로, 썰어 놓는다.

7. 햄도 두부와 비슷하게 썰어 살짝 팬에 지져 놓는다.

8. 접시에 두부와 햄을 번갈아 담는다.

9. 볶아진, 김치에 참기름을 넣고, 살짝 버무린 후 두부 담긴 접시 위에 담아 놓는다.

10. 청·홍고추와 통깨/실파를 올려 마무리한다.

■ **고수의 노하우 포인트**
• 김치에 돼지고기를 넣고, 볶아 간단한 두부 김치를 만들 수도 있다.

 통두부 낙지볶음

통두부 낙지볶음 양념 배합비

재료(약 10접시)	중량	원가 산출
고추장	200g	
간장	200g	
백설탕	60g	
갈은 마늘	150g	
고운 고춧가루	120g	
굵은 고춧가루	300g	
조미료	20g	
소고기 분말	15g	
후춧가루	2g	
생강즙	60g	
소주	100g	
요리당	70g	
양파즙	100g	
새우젓	50g	
굴 소스	50g	
매실액	60g	
육수	300g	

통두부 낙지볶음 세팅 재료 및 중량

재료(한 접시)	중량	원가 산출
낙지	2마리	
통두부	한 모	
양파	60g	
당근	30g	
청·홍고추	10g	
미나리	40g	
실파	10g	
통깨	5g	
참기름	10g	
물 녹말	10g	
식용유	10g	
대파 채	20g	
갈은 마늘	10g	

● 통두부 낙지볶음 양념 배합하기

1. 육수에 고춧가루와 고추장을 배합시켜 준비한다.
2. 준비된 양념 1번에 나머지 분량의 양념 재료를 넣고, 골고루 섞어 놓는다.
3. 만들어 놓은 양념을 48시간 냉장 숙성 후 사용한다.

● 통두부 낙지볶음 만들기 및 세팅

1. 낙지는 굵은 것을 준비하고, 밀가루와 소금을 넣고, 조물조물 주물러 씻는다.
2. 양파와 당근은 채를 썰고, 미나리는 먹기 좋게 썬다.
3. 청·홍고추와 실파는 송송 썰어 놓는다.
4. 통두부는 뜨거운 물에 담가 놓는다.
5. 팬에 기름을 두르고, 팬이 뜨거워지면, 갈은 마늘을 넣고 볶다가 재빠르게 야채를 넣는다.
6. 야채를 넣고, 낙지와 양념을 넣어 볶다가, 물 녹말을 조금 붓고, 살짝 끓인다.
7. 볶아진 낙지에 참기름을 넣고, 마무리한다.
8. 뜨거운 물에 담가 놓은 통두부 한 모를 건져, 접시에 담는다.
9. 담아 놓은 통두부 위에, 낙지볶음을 얹고, 대파 채 / 청·홍고추를 올려 완성한다.

■ 고수의 노하우 포인트
• 냉동 낙지는 자연 해동 후 생강즙과 정종으로 숙성시켜 사용하면, 좋다.

야채 족발 냉채

야채 족발 냉채 양념 배합비

재료(약 10접시)	중량	원가 산출
발효 겨자	100g	
갈은 마늘	250g	
설탕	650g	
식초	500g	
소금	30g	
참기름	30g	
육수	400g	

야채 족발 냉채 세팅 재료 및 중량

재료(한 접시)	중량	원가 산출
족발	250g	
해파리	100g	
적채	50g	
양파	60g	
게맛살	60g	
오이	60g	
당근	40g	
양상추	60g	
건포도	20g	

● 야채 족발 양념 배합하기

1. 마늘은 칼로 곱게 다진다.
2. 발효 겨자에 육수와 설탕 / 소금을 넣고 거품기로 저어 가며 녹인다.
3. 설탕을 녹인 발효 겨자에 식초를 넣고, 섞은 후 다진 마늘과 참기름을 넣어 잘 섞어 보관 후 사용한다.

● 야채 족발 만들기 및 세팅

1. 해파리는 뜨거운 물에 넣었다 꺼내, 찬물에 헹구어, 물에 담가 놓는다.(물에는 설탕과 식초를 넣는다.)
2. 족발은 편으로 썰어 준비해 놓는다.
3. 게맛살은 5cm 길이로 찢어 놓고, 오이도 길게 체를 썰어 놓는다.
4. 양상추는 손으로 뜯어, 찬물에 담가 건져 체에 받쳐 놓는다.
5. 당근 / 양파 / 적채도 채를 썰어 찬 물에 잠시 담가 건져 놓는다.
6. 족발을 접시에 담고, 썰어 놓은 야채와 게맛살 / 해파리를 올리고, 발효시킨 겨자 소스를 뿌린다.
7. 겨자 소스를 뿌린 족발 냉채 위에 건포도를 올려 완성한다.

■ 고수의 노하우 포인트

- 겨자 소스에 사용되는 마늘은 칼로 다져야 깔끔한 마늘 맛을 살릴 수 있다.
- 마늘을 믹서에 갈아서 사용하거나 빻아서 마늘을 사용하면, 지저분하며, 깔끔한 맛을 느낄 수 없다.

 왕 조개 야채찜

왕 조개 야채찜 육수 배합비		
재료(약 10회 제공)	중량	원가 산출
해물 육수	10kg	
조개 분말	50g	
맛소금	5g	

왕 조개 야채찜 세팅 재료 및 중량		
재료(1회 제공)	중량	원가 산출
키조개	1개	
홍합	100g	
대합	2개	
중합	3개	
동죽	100g	
가리비	8개	
낙지	1마리	
오징어	1마리	
삶은 달걀	2개	
삶은 콩나물	100g	
미나리	60g	
칼국수면	200g	
조개찜 육수	1kg	

● 왕 조개 야채찜 육수 배합하기

1. 해물 육수에 조개 분말과 맛소금을 넣고 한 소끔 끓여 놓는다.
2. 해물 육수(해물 육수 만드는 법은 178페이지 참조)

● 왕 조개 야채찜 만들기 및 세팅

1. 조개는 깨끗이 솔로 문질러 닦는다.
2. 낙지는 굵은 소금과 밀가루를 넣고, 조물조물 주물러, 깨끗이 씻어 놓는다.
3. 오징어는 내장만 빼 놓고, 통째로 씻어 놓는다.
4. 콩나물은 삶아서 찬물에 넣고 열기를 식혀 체에 받쳐 놓는다.
5. 미나리는 다듬어 씻고, 약 5~6cm 길이로 썰어 놓는다.
6. 큰 찜통 밑에 조개찜 육수를 담고, 그 위에 조개와 낙지 / 오징어를 통째로 올린다.
7. 중간에 삶은 콩나물과 미나리를 올린다.
8. 약 10~15분 정도 조개찜을 한다.
9. 조개와 낙지 / 오징어를 야채와 소스에 찍어 먹고, 조개육수에 칼국수를 끓인다.
10. 조개 야채찜에는 초고추장과 와사비 간장을 제공한다.
11. 와사비 간장(와사비 간장 만드는 법은 183페이지 참조)

■ 고수의 노하우 포인트
• 낙지 대신 컨셉트에 따라 문어를 사용하기도 한다.

화산 달�걀 탕

화산 달걀 탕 배합비

재료(약 10회 제공)	중량	원가 산출
달걀	1.5kg	
다시마 멸치 육수	1.5kg	
맛소금	20g	

화산 달걀 탕 세팅 재료 및 중량

재료(1회 제공량)	중량	원가 산출
달걀 물	370g	
실파	10g	
청·홍고추	5g	
다시마 멸치 육수	100g	

● 화산 달걀 탕 배합하기

1. 달걀을 풀어서 육수와 섞은 후, 맛소금을 넣고 믹서기에 갈아 준비한다.
2. 냉장고에 달걀 물을 보관 후 사용한다.

● 화산 달걀 탕 만들기 및 세팅

1. 실파/청·홍고추는 송송 썰어 놓는다.
2. 뚝배기는 달걀 물보다 작은 것을 준비한다.
3. 달걀물에 실파를 넣고 섞는다.
4. 뚝배기에 다시마 멸치 육수를 넣고 끓인다.
5. 육수가 끓고 있을 때, 달걀 물을 서서히 부어가며, 젓는다.
6. 불을 아주 약하게 줄인다.
7. 뚜껑을 얇은 것으로 살짝 덮어 놓는다.
8. 달걀찜이 익으면, 청·홍고추를 올려 완성한다.

■ 고수의 노하우 포인트
• 뚝배기가 달걀 물보다 작아야 화산 달걀 탕의 느낌을 만들 수 있다.

족발

족발 1차 삶는 양념 배합비

재료(족발 4개 이상)	중량	원가 산출
시골 된장	300g	
마른 고추	10g	
커피	10g	
소주	1병	
물	8kg	
갈은 마늘	200g	
갈은 생강	150g	
통후추	2g	
통마늘	120g	
월계수 잎	1잎	
통양파	250g	
대파 뿌리	25g	

족발 2차 삶는 배합비

재료(족발 4개)	중량	원가 산출
시골 된장	200g	
감초	20g	
정향	5g	
소주	2병	
물	20kg	
진피	10g	
통생강	100g	
통후추	30g	
통마늘	300g	
월계수 잎	3잎	
통양파	400g	
대파 뿌리 말린 것	100g	
검은 물엿	3.5kg	
간장	5kg	
흑설탕	100g	
소고기 분말	50g	
조미료	20g	
후춧가루	2g	
카라멜 소스	5g	
통계피	50g	

● 족발 1차 전처리 과정

1. 족발은 흐르는 찬물에 약 6시간 이상 담가 핏물을 제거한다.
2. 핏기가 제거된 족발을 1차 양념을 넣고 약 30분 정도 삶아 건진다.
3. 불 조절은 처음엔 센 불 → 중불로 조절한다.
4. 1차 삶은 족발은 건져 놓는다.

● 족발 2차 삶는 과정

1. 찬물에 소주를 제외한 준비된 2차 배합비 양념 재료를 넣는다.
2. 배합비 재료를 넣고 약 6시간 정도 담가 둔다.
3. 담가둔 재료 안에 삶아 놓은 족발을 넣고 센 불로 30분 정도 끓인다.
4. 끓고 있는 족발에 뚜껑을 열고 소주 2병을 넣는다.
5. 불을 중불로 줄여서 1시간 정도 삶는다.
6. 다시 불을 약불로 줄여서 약 20분 정도 삶아 건져 식힌다.

■ 고수의 노하우 포인트
• 족발은 찬물부터 삶으면, 부드러운 식감이 생기며, 뜨거운 물에 족발을 삶게 되면, 쫄깃한 식감의 족발맛을 느낄 수 있다.

백김치 속 양념

백김치 속 양념 배합비

재료	중량	원가 산출
무	200g	
배	100g	
요구르트	50g	
양파	50g	
찹쌀 가루	20g	
새우젓	40g	
까나리 액젓	20g	
감미료	10g	
갈은 마늘	20g	
밤	30g	
대추	30g	
미나리	20g	
갈은 생강	5g	
당근	30g	

● 백김치 속 양념 만들기

1. 찹쌀 가루 20g에 물을 80g 넣고 은근히 저어 풀을 쑤어 식힌다.

2. 무와 당근은 채를 가늘게 썰고, 배도 채를 썰어 놓는다.

3. 양파는 강판에 갈아 즙을 만들어 준비한다.

4. 새우젓은 국물과 함께 갈아 놓는다.

5. 대추는 씨를 제거하고 돌려 깎아 채를 썰고, 밤은 납작납작하게 편으로 썰어 놓는다.

6. 무채에 찹쌀 풀과 요구르트, 갈은 새우젓 / 까나리 액젓을 넣고 버무린다.

7. 버무린 무채에 나머지 양념을 넣고 골고루 버무린 후 미나리 / 밤 / 대추채를 넣고 다시 버무린다.

8. 절인 배추에 버무린 무채를 넣어 배추 속을 채우고, 통에 담는다.

■ 고수의 노하우 포인트

• 요구르트를 사용하면, 유산균을 빨리 만들 수 있다.

• 요구르트를 많이 사용하면 백김치가 빨리 물러지고, 숙성이 빨라진다.

 # 겉절이 양념

겉절이 양념 배합비

재료	중량	원가 산출
건 고추	10g	
고춧가루 매운맛	20g	
일반 고춧가루	80g	
설탕	30g	
갈은 마늘	35g	
까나리 액젓	30g	
조미료	10g	
찹쌀 풀	60g	
소금	10g	
갈은 생강	5g	
양파즙	20g	
새우젓	50g	

● 겉절이 양념 만들기

1. 찹쌀 풀은 아주 연하게 쑤어 식혀 놓는다.
2. 건 고추는 물에 충분히 불려서 갈아 놓는다.
3. 찹쌀 풀에 갈은 건 고추와 고춧가루를 넣고 배합시킨다.
4. 배합된 고춧가루에 나머지 양념을 넣는다.
5. 새우젓은 갈아서 사용하고, 양파도 갈아서 즙을 사용한다.
6. 충분히 배합된 양념은 약 1시간 정도 냉장 숙성 후 절인 배추에 넣고 버무려 완성한다.

■ 고수의 노하우 포인트
• 여름철에는 홍고추를 갈아서 사용하면, 식감을 한 층 더 느낄 수 있다.

 # 동치미 물김치 양념

동치미 물김치 양념 배합비		
재료	중량	원가 산출
무	1.5kg	
뉴슈가	30g	
천일염	100g	
양파	70g	
배	100g	
통마늘	60g	
미나리	20g	
새우젓	10g	
조미료	2g	
설탕	40g	
찹쌀 풀	100g	
사이다	350g	
물	6kg	

● 동치미 물김치 만들기

1. 무는 5cm 길이로 썰어 놓는다.
2. 배는 큼직하게 잘라 놓고, 미나리는 5cm 길이로 썰어 놓는다.
3. 물에 천일염을 풀어 한번 끓여서 식혀 놓는다.
4. 식힌 소금물에 썰어 놓은 무 / 미나리 / 배 / 양파 / 통마늘을 큼직하게 넣는다.
5. 나머지 양념과 사이다를 넣고, 골고루 섞는다.
6. 섞은 동치미를 상온에서 약 이틀 정도 숙성시킨 후 냉장고에 차갑게 보관한다.

■ 고수의 노하우 포인트

• 동치미 숙성은 계절에 따라 온도의 변화가 있으므로, 주의하고, 상온에서 톡톡 쏘는 현상이 생기면, 그때부터 냉장 보관한다.

메뉴에 어울리는
찬류와 소스

 # 샤브샤브에 어울리는 소스 4종

샤브샤브 폰즈 소스

● 폰즈 소스 만들기

1. 볼에 간장과 설탕을 넣고 잘 녹여준다.
2. 녹인 양념에 가쯔오부시 국물을 섞어 준다.
3. 다시마 육수와 정종 / 식초를 재료 분량에 맞게 넣고, 골고루 섞어서 마무리한다.

샤브샤브 폰즈 소스 재료 및 중량

재료	중량	원가 산출
간장	100g	
식초	100g	
정종	20g	
가쯔오부시 국물	20g	
설탕	100g	
다시마 육수	100g	
실파	10g	

샤브샤브 칠리 소스

● 칠리 소스 만들기

1. 그릇에 토마토 케첩 / 굴 소스와 고추기름을 넣어, 골고루 섞어 준다.
2. 핫 칠리 소스와 다시마 육수를 넣고 다시 배합시켜 준다.
3. 다진 마늘과 다진 청양고추를 섞어 배합시킨 후 마무리한다.

샤브샤브 칠리 소스 재료 및 중량

재료	중량	원가 산출
토마토 케첩	100g	
고추기름	20g	
다진 마늘	20g	
다진 청양고추	20g	
핫칠리 소스	100g	
다시마 육수	60g	
굴 소스	10g	

샤브샤브 고추 소스

● 고추 소스 만들기

1. 볼에 준비한 간장과 요리당을 넣고, 잘 섞는다.
2. 섞인 양념에 준비한 양념을 넣고 골고루 섞는다.
3. 다 섞인 양념에 다진 청양고추를 넣어준다.
4. 다진 고추가 들어간 소스는 3일 후 신선도와 맛이 감소된다.

샤브샤브 고추 소스 재료 및 중량

재료	중량	원가 산출
간장	200g	
굴 소스	50g	
다진 청양고추	50g	
요리당	70g	
후춧가루	약간	
정종	20g	
식초	20g	

샤브샤브 땅콩 소스

● 땅콩 소스 만들기

1. 믹서에 땅콩 버터 잼과 땅콩을 넣고, 분량의 재료를 다 넣은 후 갈아 준다.
2. 갈아서 믹싱된 소스를 냉장고에 보관한다.

샤브샤브 땅콩 소스 재료 및 중량

재료	중량	원가 산출
땅콩 버터 잼	120g	
생수	50g	
까나리 액젓	10g	
요리당	70g	
고운 고춧가루	0.2g	
갈은 마늘	1g	
땅콩	20g	

꽈리고추찜

꽈리고추찜 재료와 중량

재료	중량	원가 산출
꽈리고추	500g	
밀가루	30g	
간장	100g	
고춧가루	30g	
설탕	20g	
조미료	40g	
통깨	50g	
갈은 마늘	30g	
다진파	약간	
참기름	약간	
생수	50g	
요리당	10g	

● 꽈리고추찜 만들기

1. 꽈리고추는 꼭지를 제거하고 물에 씻어 건진 후 밀가루를 묻히고, 살짝 털어낸다.
2. 찜통에 김이 오르면 꽈리고추를 넣고 살짝 찜을 한다.
3. 간장에 생수를 넣고 설탕과 요리당을 골고루 섞은 후 고춧가루를 넣는다.
4. 3번에 양념들을 넣고 섞는다.
5. 쪄 놓은 꽈리 고추찜에 만들어 놓은 양념을 얹어서 완성한다.

 # 연두부 간장

연두부 간장 재료와 중량		
재료	중량	원가 산출
낱개 연두부	30개	
간장	150g	
요리당	40g	
갈은 마늘	30g	
정종	30g	
고춧가루	20g	
실파	50g	
참기름	15g	
생수	100g	
통깨	약간	

● **연두부 간장 만들기**

1. 연두부는 낱개로 준비한다.
2. 간장에 설탕과 요리당을 섞어 놓는다.
3. 섞인 양념에 나머지 분량의 재료를 넣어 골고루 섞는다.
4. 실파는 송송 썰어서 섞여진 양념에 넣는다.
5. 참기름은 마지막에 넣어 섞어 준다.
6. 개인 연두부에 간장을 얹어서 제공한다.

풋고추 된장무침

풋고추 된장무침 재료 및 중량

재료	중량	원가 산출
풋고추	1kg	
된장	200g	
갈은 마늘	40g	
요리당	30g	
고춧가루	10g	

● 풋고추 된장무침 만들기

1. 풋고추를 동글동글하게 썰어서 찬물에 담궈 씨를 제거한다.
2. 된장에 갈은 마늘/요리당/고춧가루를 넣어 골고루 섞어, 배합한다.
3. 물에 담가놓은 풋고추를 건져 채에 받쳐 물기를 제거하고 배합된 양념 된장에 무친다.

부추 야채 샐러드

부추 야채 샐러드 재료 및 중량

재료	중량	원가 산출
부추	1kg	
간장	200g	
설탕	200g	
식초	100g	
고춧가루	50g	
당근	100g	
양파	150g	
통깨	30g	
참기름	30g	

● 부추 야채 샐러드 만들기

1. 부추는 다듬어서 깨끗이 씻어 약 5cm 길이로 썬다.
2. 당근과 양파도 채를 썰어 찬물에 살짝 담가 건져 놓는다.
3. 그릇에 재료 분량의 간장을 담고 설탕을 넣어 녹인다.
4. 녹인 간장에 고춧가루를 넣고, 골고루 섞은 후 통깨를 넣는다.
5. 부추와 당근/양파 채를 넣어 살짝 무친 후, 참기름을 넣고, 살살 버무려 마무리한다.

 우엉조림

우엉조림 재료 및 양념 배합비

재료	중량	원가 산출
간장	250g	
흰 물엿	250g	
매실액	60g	
정종	30g	
우엉	1.5kg	
통깨	15g	
생수	500g	
식초	20g	

● 우엉조림 만들기

1. 우엉은 껍질을 제거하고 채를 썰어 놓는다.
2. 끓는 물에 식초를 넣고 우엉을 살짝 데쳐 찬물에 헹구어 우엉의 변색을 막고, 채에 받쳐 놓는다.
3. 냄비에 준비한 분량의 생수와 간장을 넣고, 끓이다가 흰 물엿을 넣고, 매실액을 넣어 끓인다.
4. 끓고 있는 3번에 데친 우엉을 넣고, 정종을 첨가한 후 불을 줄이고 은근히 졸인다.
5. 윤기 나게 우엉이 졸여지면, 불을 끄고 통깨를 뿌려 마무리한다.

 고추 무 생채

고추 무 생채 재료 및 양념 배합비

재료	중량	원가 산출
풋고추	1.5kg	
고춧가루	100g	
설탕	50g	
볶은 소금(양념)	20g	
까나리 액젓	70g	
조미료	10g	
갈은 마늘	20g	
갈은 생강	5g	
무채	1kg	
통깨	약간	

● 고추 무 생채 만들기

1. 고추는 가운데에 칼집을 넣어, 소금에 살짝 절인다.
2. 무는 채를 곱게 썰어 소금에 살짝 절여 물기를 꼭 짜 놓는다.
3. 물기를 짜 놓은 무채에 고춧가루를 넣고, 골고루 버무려서 고춧가루 색을 들인다.
4. 색을 들인 무채에 준비된 양념을 넣고 다시 버무린 후 통깨를 뿌려 놓는다.
5. 소금에 살짝 절인 고추를 씻어서 건지고, 고추 칼집 사이사이에, 버무려 놓은 무 생채를 넣어 고추 속을 채워 마무리한다.

단호박조림

단호박조림 재료 및 양념 배합비

재료	중량	원가 산출
단호박	3통	
건포도	100g	
흰물엿	2kg	
설탕	50g	
소금	5g	
물	2kg	

● 단호박조림 만들기

1. 냄비에 흰 물엿과 물 / 설탕 / 소금을 넣고 팔팔 끓인다.
2. 단호박은 깨끗이 씻어 속을 파내고, 1/8 등분으로 잘라 놓는다.
3. 끓이고 있는 물엿장에 준비한 단호박을 넣는다.
4. 물엿장이 끓으면, 불을 줄이고 은근히 졸인다.
5. 중간쯤 건포도를 넣고, 단호박이 익으면 마무리한다.

감자 잡채

감자 잡채 재료 및 양념 배합비

재료	중량	원가 산출
감자	1kg	
피망	200g	
당근	30g	
양파	70g	
맛소금	10g	
천일염	20g	
들깨	5g	
들기름	50g	
식용유	30g	

● 감자 잡채 만들기

1. 감자는 곱게 채를 썰어 끓는 물에 소금을 넣고 살짝 데쳐, 채반에 펼쳐서 식혀 놓는다.
2. 피망은 반을 갈라 속 씨를 제거하고 채를 썰어 놓는다.
3. 당근 / 양파도 채를 썰어 소금에 살짝 절여 찬물에 헹구어 물기를 꼭 짜 놓는다.
4. 팬에 식용유와 들기름을 섞어 두르고, 팬이 뜨겁게 달구어 졌을 때 감자에 맛소금을 뿌려서 볶는다.
5. 감자를 볶다가 중간에 양파 / 당근 / 피망채를 넣고 볶는다.
6. 감자가 다 볶아지면, 불을 끄고, 들깨를 뿌려 마무리한다.

 콩나물 겨자채

콩나물 겨자채 재료 및 양념 배합비

재료	중량	원가 산출
콩나물	1kg	
오이	200g	
당근	30g	
발효 겨자	70g	
설탕	150g	
식초	150g	
소금	5g	
참기름	5g	

● 콩나물 겨자채 만들기

1. 콩나물은 다듬어 씻어서 살짝 찐다.
2. 찐 콩나물은 찬물에 열기를 식혀 건져 채반에 담아 물기를 제거한다.
3. 오이와 당근은 채를 곱게 썰어 찬물에 담가 건져 채에 받쳐 물기를 빼 놓는다.
4. 발효 겨자에 설탕 / 식초 / 소금을 넣고, 골고루 섞어 배합시킨다.
5. 배합된 겨자 양념에 콩나물과 오이와 당근 채를 넣고, 살살 버무린다.
6. 버무려진 콩나물에 참기름을 넣고, 다시 한번 더 버무려 완성한다.

 땅콩조림

땅콩조림 재료 및 양념 배합비

재료	중량	원가 산출
생땅콩	1kg	
간장	150g	
정종	60g	
설탕	30g	
물	250g	
검은 물엿	150g	
통깨	10g	

● 땅콩조림 만들기

1. 생땅콩은 깨끗이 씻어 끓는 물에 약 10분 정도 삶아 건져 낸다.
2. 냄비에 분량의 간장 / 물 / 정종 / 설탕을 넣어 끓인다.
3. 끓고 있는 양념에 삶은 땅콩을 넣어 끓이다가, 중간쯤, 검은 물엿을 넣는다.
4. 불을 약하게 줄이고, 서서히 윤기 나게 땅콩을 졸인 후 불을 끄고, 통깨를 뿌린다.

과일 야채 샐러드

과일 야채 샐러드 재료 및 양념 배합비		
재료	중량	원가 산출
마요네즈	300g	
머스터드	50g	
레몬즙	20g	
설탕	30g	
연유	50g	
생크림	20g	
키위	2개	
양상추	100g	
파프리카	100g	
사과	100g	

● 과일 야채 샐러드와 소스 만들기

1. 마요네즈에 머스터드를 넣고, 거품기로 잘 섞는다.
2. 1번에 레몬즙을 서서히 넣고 풀어지지 않게 섞는다.
3. 레몬즙 섞인 마요네즈에 설탕을 넣어 녹이고, 연유와 생크림을 섞어 준 후, 냉장고에 넣는다.
4. 키위는 동글동글하게 썬다.
5. 양상추는 손으로 찢어 찬물에 담가 놓는다.
6. 파프리카는 먹기 좋게 썬다.
7. 양상추는 물에 건져 채에 받쳐 물기를 제거한다.
8. 그릇에 양상추를 담고, 파프리카 / 사과 / 키위를 담아 그 위에 샐러드 소스를 얹는다.

메추리알조림

재료	중량	원가 산출
삶은 메추리알	2kg	
설탕	30g	
진간장	250g	
요리당	250g	
정종	70g	
물	500g	
통마늘	120g	
참기름	10g	
홍고추	10g	
통깨	10g	

● 메추리알조림 만들기

1. 냄비에 진간장 / 설탕 / 물 / 요리당을 넣고, 끓인다.
2. 양념이 끓기 시작하면, 메추리알을 넣고, 정종을 붓고, 센불·중불·약불로 조절하면서 조림을 한다.
3. 양념이 1/5까지 줄어들면, 홍고추와 참기름 / 통깨를 넣고 마무리한다.

마늘조림

마늘조림 양념 배합비		
재료	중량	원가 산출
마늘	1kg	
간장	80g	
요리당	80g	
정종	30g	
청·홍고추	20g	
참기름	20g	
통깨	10g	
튀김기름	1kg	
가루녹말	100g	

● 마늘조림 만들기

1. 마늘은 씻어 물기를 살짝 닦은 후 녹말을 묻힌다.
2. 170℃ 온도의 튀김 기름에 마늘을 한번 튀겨낸다.
3. 청·홍고추는 송송 썰어 찬물에 담가 씨를 빼고 채에 건져 놓는다.
4. 팬에 간장 / 요리당을 넣고, 보글보글 끓인다.
5. 끓고 있는 양념에 튀김 마늘을 넣고, 정종을 넣어 다시 졸인다.
6. 양념이 졸여 지면, 불을 끄고, 참기름 / 청·홍고추 / 통깨를 뿌려 마무리한다.

 오이냉국

오이냉국 양념 배합비

재료	중량	원가 산출
취청오이	300g	
청·홍고추	50g	
실파	30g	
설탕	200g	
식초(2배)	50g	
통깨	15g	
꽃소금	25g	
생수	5kg	
소고기 분말	30g	
갈은 마늘	50g	
간장	10g	

● 오이냉국 만들기

1. 생수에 소고기 분말 / 꽃소금 / 설탕을 넣어 끓여서 식힌다.

2. 끓여 식힌 1번에 간장 / 식초 / 갈은 마늘을 넣고, 차갑게 냉장고에 보관한다.

3. 오이는 채를 썰고, 청·홍고추는 송송 썰어 찬물에 잠시 담가 건져 씨를 빼 놓는다.

4. 냉장 보관한 냉국에 오이채 / 청·홍고추를 넣고 통깨를 뿌려 완성한다.

두부 김치볶음

두부 김치볶음 양념 배합비		
재료	중량	원가 산출
판 두부	1kg	
숙성 김치	1kg	
소고기 분말	5g	
생수	50g	
고춧가루	50g	
후춧가루	0.5g	
실파	20g	
청·홍고추	10g	
요리당	30g	
식용유	10g	
들기름	10g	
통깨	5g	

● 두부 김치 만들기

1. 두부는 따뜻한 물에 담가 놓는다.
2. 숙성 김치는 김치 속을 털어 내고, 먹기 좋게 썰어 놓는다.
3. 팬에 기름을 두르고, 김치를 볶다가, 소고기 분말 / 요리당 / 후춧가루를 넣고 물을 조금 부어 은근히 볶는다.
4. 실파는 송송 썰고, 청·홍고추도 송송 썰어 놓는다.
5. 볶아진 김치에 들기름을 넣고 살짝 한번 더 볶아 놓는다.
6. 접시에 따뜻한 두부를 담고, 한쪽에 볶은 김치를 놓고, 실파 / 통깨 / 청·홍고추를 올려 완성한다.

 즉석 잡채

즉석 잡채 양념 배합비

재료	중량	원가 산출
간장	400g	
요리당	50g	
생수	800g	
설탕	200g	
당면	1kg	
당근	100g	
양파	200g	
피망	100g	
참기름	50g	
통깨	10g	
후춧가루	2g	
식용유	20g	

● 즉석 잡채 만들기

1. 냄비에 정량의 생수를 넣고, 간장 / 설탕을 넣어 끓인다.
2. 끓고 있는 간장 물에 식용유를 넣고, 당면을 한번 씻어 넣는다.
3. 양파는 채를 썰고, 당근도 채를 썰어 놓는다.
4. 피망은 반을 갈라 속씨를 제거하고 채를 썰어 준비한다.
5. 당면이 간장물에 충분히 익으면, 썰어 놓은 양파와 당근을 넣고, 볶는다.
6. 채소가 당면과 어우러지게 볶아 지면, 다시 피망을 넣고, 살짝 볶은 후 참기름을 넣어 버무린다.
7. 버무려진 잡채에 후춧가루와 통깨를 살짝 뿌려 버무리고, 완성한다.

조개젓무침

조개젓무침 양념 배합비		
재료	중량	원가 산출
조개젓	1kg	
청양고추	70g	
홍고추	30g	
실파	50g	
갈은 마늘	60g	
고춧가루	15g	
통깨	10g	
조미료	2g	
식초	20g	
생강즙	5g	
설탕	30g	

● 조개젓무침 만들기

1. 조개젓을 채에 받쳐 잠시 놓는다.
2. 약간의 조개젓 국물을 제거한 조개젓에 식초를 넣고 무친다.
3. 식초간이 든 꼬들꼬들한 조개젓에 조미료 / 생강즙 / 갈은마늘 / 설탕을 넣고 무친다.
4. 청양고추 / 홍고추 / 실파는 송송 썰어 놓는다.
5. 양념에 무친 조개젓에 청양고추 / 홍고추 / 실파 / 통깨를 넣고, 한번 더 살짝 무친다.

 묵은지볶음

묵은지볶음 양념 배합비

재료	중량	원가 산출
묵은지	1kg	
된장	120g	
고춧가루	20g	
요리당	10g	
멸치분말	3g	
다시마 멸치 육수	500g	
굴소스	5g	
들기름	30g	
식용유	30g	

● 묵은지볶음 만들기

1. 묵은지는 물에 담가 짠맛을 뺀 후 건져 먹기 좋게 썰어 놓는다.
2. 냄비에 다시마 멸치 육수를 붓고, 된장 / 식용유, 고춧가루를 넣는다.
3. 썰어 놓은 묵은지를 냄비에 넣고, 멸치 분말 / 굴 소스를 넣는다.
4. 뚜껑을 닫고 익히면서 중간쯤 뚜껑을 열고 저어가면서 졸이듯 볶는다.
5. 육수가 졸여지면 들기름을 넣고 살짝 한번 더 볶아 마무리한다.

육수 만들기

🍗 닭 육수

닭 육수 재료 및 중량

재료	중량	원가 산출
닭발	2kg	
무	500g	
통마늘	200g	
통생강	80g	
통후추	5g	
월계수 잎	5장	
소주	300g	
된장	100g	
통양파	300g	
대파 뿌리	20g	
물	50kg	

● 닭 육수 만드는 법

1. 닭발은 껍질과 발톱을 벗겨, 밀가루를 넣고 조물조물 주물러 씻는다.
2. 씻은 닭발에 물을 자작하게 붓고, 된장/월계수 잎을 넣고, 약 30분 끓인다.
3. 끓고 있는 닭발에 소주를 100g 정도 붓는다.
4. 30분 후 닭발을 건져, 찬물에 헹구어 건져 놓는다.
5. 물 50kg에 삶아 건진 닭발을 넣고, 통양파/통마늘/월계수 잎/대파 뿌리/통생강/무/소주를 넣고 약 3시간 정도 불을 조절하면서 끓인다.
6. 센 불(30분)/중불(90분)/약불(60분)의 순으로 끓인다.
7. 가끔 거품을 걷어 낸다.

🍖 돼지 육수

돼지 육수 재료 및 중량

재료	중량	원가 산출
돼지 도가니뼈	2kg	
돼지 잡뼈	2kg	
통양파	400g	
통무	700g	
통마늘	200g	
월계수 잎	5장	
대파 뿌리	20g	
통후추	5g	
물	60kg	
된장	200g	
통생강	120g	
돼지 사골	2kg	

● 돼지 육수 만드는 법

1. 돼지 잡뼈와 사골/도가니뼈는 6시간 이상 물에 담가 건진다.
2. 사골과 돼지 잡뼈/돼지 도가니뼈에 물을 자작하게 담고, 월계수 잎 2장/통후추 2g/소주/된장/통생강 20g을 넣고, 센 불에 약 1시간 정도 끓인다.
3. 끓인 돼지 사골/잡뼈/돼지 도가니뼈를 깨끗이 씻어 놓는다.
4. 육수통에 물을 담고, 돼지 사골/돼지 잡뼈/돼지 도가니뼈/통무/통양파/월계수 잎/통후추/대파 뿌리/통생강/소주를 붓고, 약 6시간 이상 불을 조절하면서 끓인다.
5. 중간중간에 떠오르는 기름은 걷어 낸다.
6. 불을 끄고, 바로 야채는 체로 건져 낸다.

 사골 육수

사골 육수 재료 및 중량

재료	중량	원가 산출
사골	2kg	
소 잡뼈	2kg	
통양파	400g	
통무	700g	
통마늘	200g	
월계수 잎	5장	
대파 뿌리	20g	
정종	300g	
통후추	5g	
물	50kg	
마구리 뼈	1kg	

● 사골 육수 만드는 법

1. 소 잡뼈와 사골/마구리 뼈는 6시간 이상 물에 담가 건 진다.
2. 사골과 소 잡뼈/마구리 뼈에 물을 자작하게 담고, 월계 수 잎 2장/통후추 2g/정종 100g을 붓고 약 1시간 정도 센 불로 끓인다.
3. 끓인 사골/소 잡뼈/마구리 뼈를 깨끗이 씻는다.
4. 육수통에 물을 담고, 사골/소 잡뼈/마구리 뼈/통무/ 통양파/월계수 잎/통후추/대파 뿌리/정종을 붓고, 약 6시간 이상 불을 조절하면서 끓인다.
5. 중간중간에 떠 오르는 기름은 걷어 낸다.
6. 불을 끄고, 바로 야채는 체로 건져 낸다.

소고기 육수

소고기 육수 재료 및 중량

재료	중량	원가 산출
양지	2kg	
소 잡뼈	2kg	
통양파	400g	
통무	700g	
통마늘	200g	
월계수 잎	5장	
대파 뿌리	20g	
정종	300g	
통후추	5g	
물	50kg	

● 소고기 육수 만드는 법

1. 소 잡뼈는 6시간 이상 물에 담가 건진다.
2. 소 잡뼈와 물을 자작하게 담고, 월계수 잎 2장/통후추 2g을 넣고, 정종 100g을 붓고 약 1시간 동안 센 불로 끓 인다.
3. 끓인 소 잡뼈를 깨끗이 씻는다.
4. 육수통에 물을 담고, 양지/소 잡뼈/통무/통양파/월 계수 잎/통후추/대파 뿌리/정종을 붓고, 약 6시간 이 상 끓인다.
5. 센 불(1시간)/중불(4시간)/약불(1시간) 이상 끓인다.
6. 중간중간에 거품은 충분히 걷어내고 육수를 끓이고, 바 로 야채는 건져 낸다.
7. 양지는 1시간 20분만 삶아 건져 놓는다.

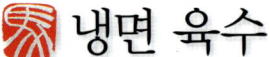

해물 육수

냉면 육수

해물 육수 재료 및 중량

재료	중량	원가 산출
물	50kg	
마른 홍합	100g	
다시마	20g	
꽃새우	100g	
다시 멸치	50g	
통양파	400g	
통마늘	200	
고추씨	10g	
무	500g	

냉면 육수 재료 및 중량

재료	중량	원가 산출
닭	1kg	
양지	2kg	
사태	1kg	
통무	1kg	
통마늘	200g	
월계수 잎	1장	
대파 뿌리	20g	
정종	300g	
통후추	2g	
물	50kg	
통양파	400g	
감초	2g	

● 해물 육수 만드는 법

1. 무와 통양파는 껍질째 깨끗이 씻어 놓는다.
2. 육수통에 물을 50kg 담는다.
3. 50kg 담긴 물에 무와 통양파를 넣는다.
4. 3번에 다시 멸치 / 고추씨 / 통마늘 / 마른 홍합 / 다시마 / 꽃새우를 넣고 두 시간 끓인다.
5. 센 불(30분) / 중불(60분) / 약불(30분)의 순으로 끓인다.
6. 중간중간에 떠 오르는 거품은 걷어 낸다.
7. 육수 보자기 또는 삼베에 재료를 넣고 끓이면 깊은 맛이 약간 감소된다.

● 냉면 육수 만드는 법

1. 닭은 통째로 깨끗이 씻는다.
2. 육수통에 물을 50kg 담는다.
3. 무는 껍질째 씻어 통채로 육수통에 담는다.
4. 2번 통에 닭 / 양지 / 사태 / 무 외 준비한 재료를 넣는다.
5. 센 불에서 약 30분 정도 끓인다.
6. 불을 중불로 줄이고, 60분 끓인다.
7. 중불에서 약불로 30분 끓인다.
8. 중간중간에 떠오르는 거품과 기름은 걷어 낸다.
9. 불을 끄고, 야채와 고기는 바로 건진다.
10. 차갑게 식힌 후, 기름을 다시 건져 낸다.

🔴 동치미 / 동치미 육수

동치미 / 동치미 육수 재료 및 중량

재료	중량	원가 산출
무	2kg	
뉴슈가	30g	
천일염	100g	
양파	70g	
배	150g	
통마늘	60g	
미나리	20g	
새우젓	10g	
조미료	2g	
설탕	40g	
찹쌀 풀	100g	
사이다	350g	
물	6kg	

🔴 동치미 만드는 법

1. 무는 깨끗이 씻어 큼직큼직하게 썰어 놓는다.
2. 배는 큼직하게 잘라 놓고, 미나리는 5cm 길이로 썰어 놓는다.
3. 물에 천일염을 풀어 한 번 끓여서 식혀 놓는다.
4. 식힌 소금물에 썰어 놓은 무/미나리/배/양파/통마늘을 큼직하게 넣는다.
5. 나머지 양념과 사이다를 넣고, 골고루 섞는다.
6. 섞은 동치미를 상온에서 약 이틀 정도 숙성 후 냉장고에 차갑게 보관한다.

🔴 다시마 멸치 육수

다시마 멸치 육수 재료 및 중량

재료	중량	원가 산출
다시마	30g	
다시 멸치	200g	
무	600g	
통마늘	200g	
통생강	60g	
통양파	200g	
대파 뿌리	20g	
물	50kg	

🔴 다시마 멸치 육수 만드는 법

1. 무는 껍질째 깨끗이 씻어 놓는다.
2. 양파는 껍질을 벗기고, 씻어 놓는다.
3. 육수통에 물을 50kg 담는다.
4. 다시마는 통으로 준비하고 젖은 행주로 염분을 닦아 놓는다.
5. 준비된 육수통에 다시마와 멸치를 넣는다.
6. 5번에 나머지 재료를 넣고 끓인다.
7. 중간중간 거품을 걷어낸다.
8. 불 조절을 센 불(30분)/중불(60분)/약불(30분)으로 조절하고 두 시간 정도 끓인다.

🟥 멸치 육수

멸치 육수 재료 및 중량

재료	중량	원가 산출
다시 멸치(죽방 멸치)	200g	
보리새우	30g	
무	600g	
통마늘	200g	
통생강	60g	
통양파	500g	
대파 뿌리	20g	
물	50kg	
다시마	20g	
고추씨	10g	

● 멸치 육수 만드는 법

1. 무는 껍질째 씻어 놓는다.
2. 육수통에 물을 50kg 담는다.
3. 다시마는 젖은 행주로 염분을 닦아 육수통에 넣는다.
4. 2번 육수통에 다시멸치/통무/통양파/통생강/보리새우/고추씨/대파 뿌리를 넣는다.
5. 중간중간에 거품은 걷어 내고, 센 불/중불/약불로 2시간 끓인다.
6. 2시간 후 불을 끄고 끓인 재료는 모두 건져 낸다.

🟥 볶은 소금

볶은 소금 재료 및 중량

재료	중량	원가 산출
천일염	1kg	

● 볶은 소금 만드는 법

1. 간수를 뺀 천일염을 준비한다.
2. 두꺼운 팬에 천일염을 넣고, 나무주걱으로 은근히 1시간 정도 볶아 준다.
3. 불을 끄고 열기를 완전히 식혀, 절구 또는 믹서기에 갈아서 사용한다.

🟥 오리 육수

오리 육수 재료 및 중량

재료	중량	원가 산출
오리뼈	5kg	
닭뼈	2kg	
통마늘	200g	
월계수 잎	2장	
소주	1병	
통생강	80g	
통후추	5g	
대파 뿌리	20g	
통양파	300g	
물	50kg	

● 오리 육수 만드는법

1. 오리뼈와 닭뼈는 찬물에 약 1시간 정도 담궈 건져 놓는다.
2. 팬에 건진 뼈를 살짝 소주를 붓고 볶는다.
3. 육수통에 물을 담아 볶은 뼈를 담고, 통마늘 / 월계수 잎 / 통생강 / 통후추 / 대파 뿌리를 넣고 센 불에서 30분 끓이고, 중불에서 1시간 약불에서 1시간 끓인다.
4. 중간중간 거품을 걷어 낸다.

🟥 칼국수면

칼국수면 반죽 재료 및 중량

재료	중량	원가 산출
밀가루	10kg	
녹말 가루	400g	
식용유	300g	
물	5kg	
소금	50g	

● 칼국수면 반죽 만드는 법

1. 밀가루 반죽기에 밀가루/녹말/식용유/물/소금을 넣는다.
2. 반죽기에 타이머를 15분~20분 돌려 놓는다.
3. 칼국수 반죽을 꺼내, 상온에 2시간, 냉장고에서 4시간 정도 숙성 후 사용한다.
4. 반죽기/밀가루 수분에 따라 반죽이 차이가 날 수 있다.

🟥 황태 육수

황태 육수 재료 및 중량

재료	중량	원가 산출
황태 머리	200g	
다시 멸치	100g	
무	600g	
통마늘	200g	
통생강	60g	
통양파	200g	
대파 뿌리	20g	
물	50kg	
다시마	20g	
보리새우	30g	

● 황태 육수 만드는 법

1. 황태 머리는 물에 20분 정도 담가 건진다.
2. 육수통에 물 50kg을 담아 놓는다.
3. 다시마는 젖은 행주로 염분을 닦아 놓는다.
4. 2번에 황태 머리 / 다시 멸치 / 무 / 양파 / 대파 뿌리 / 통생
   강 / 통마늘을 넣고 약 2시간 불을 조절하면서 끓인다.

🟥 부추 간장

부추 간장 재료 및 중량

재료	중량	원가 산출
진 간장	200g	
설탕	50g	
고운 고춧가루	30g	
생수	200g	
통깨	20g	
정종	50g	
부추	50g~100g	
참기름	20g	
요리당	20g	

● 부추 간장 만드는 법

1. 진 간장에 설탕과 요리당을 넣고, 골고루 섞어 설탕을
   녹인다.
2. 녹인 간장에 고운 고춧가루 / 생수 / 정종을 넣고 섞은 후
   통깨를 넣는다.
3. 부추는 깨끗이 씻어 송송 썰어 놓는다.
4. 먹기 직전에 만들어 놓은 간장에 부추와 참기름을 섞어
   제공한다.

🟥 닭 한 마리 칼국수 양념

닭 한마리 칼국수 양념 재료 및 중량

재료	중량	원가 산출
마른 고추	50g	
홍고추	100g	
까나리 액젓	100g	
조미료	10g	
육수	300g	
갈은 마늘	50g	
갈은 생강	20g	
갈은 양파	50g	
소주	100g	
고춧가루	150g	
설탕	20g	
요리당	50g	
실파	50g	

● 닭 한마리 칼국수 양념 만드는 법

1. 마른 고추와 홍고추 / 까나리 액젓 / 육수를 믹서기에 넣
   고 곱게 갈아 놓는다.
2. 실파는 송송 썰어 놓는다.
3. 1번 양념에 나머지 양념을 넣고 골고루 섞어 놓는다.
4. 섞여진 양념에 썰어 놓은 실파를 섞고, 냉장고에 보관
   후 사용한다.

🟥 초고추장

초고추장 재료 및 중량

재료	중량	원가 산출
고추장	1kg	
설탕	200g	
물엿	100g	
식초	200g	
생강즙	50g	
사이다	200g	

● 초고추장 만드는 법

1. 고추장에 설탕 / 물엿을 넣고 거품기로 충분히 저어 설
   탕을 녹인다.
2. 1번 양념에 생강즙과 사이다를 조금씩 넣어가면서, 고
   추장을 풀어 놓는다.
3. 풀어 놓은 고추장에 식초를 넣고 섞는다.
4. 냉장 보관 후 사용한다.

🏮 도가니 양념장 및 고깃장

도가니 양념장 및 고깃장 재료 및 중량

재료	중량	원가 산출
진 간장	800g	
물엿	200g	
설탕	200g	
정종	100g	
통후추	5g	
편마늘	100g	
마른 고추	5g	
물	1.2kg	
양파	200g	

● 도가니 양념장 및 고깃장 만드는 법

1. 냄비에 간장과 물엿 / 설탕 / 통후추 / 편마늘 / 마른 고추 / 양파 / 물을 넣고 약한 불에서 은근히 끓인다.
2. 끓이는 중간에 정종을 넣는다.
3. 양념이 반쯤 졸여지면 불을 끄고, 채에 걸러 놓는다.
4. 완전히 식혀 냉장 보관한다.
5. 도가니 양념으로 사용할 경우, 고깃장에 갈은 마늘 / 와사비를 넣는다.
6. 고깃장으로 사용할 경우 와사비만 넣고 사용한다.

🏮 겨자 간장

겨자 간장 재료 및 중량

재료	중량	원가 산출
진 간장	500g	
설탕	100g	
생수	300g	
발효 겨자	100g	
정종	20g	

● 겨자 간장 만드는 법

1. 30℃ 정도의 따뜻한 물에 겨잣가루를 동량으로 넣고, 빠르게 저어 톡 쏘는 향이 나오게 발효시킨다.
2. 진 간장에 설탕을 넣고 충분히 녹인다.
3. 설탕을 녹인 간장에 발효 겨자와 생수 / 정종을 넣고 섞는다.
4. 냉장고에 보관 후 사용한다.

🏮 매운 양념(다데기)

매운 양념(다데기) 재료 및 중량

재료	중량	원가 산출
마른 고추	20g	
홍고추	50g	
새우젓	100g	
조미료	10g	
육수	200g	
갈은 마늘	50g	
갈은 생강	10g	
갈은 양파	30g	
소주	100g	
매운 고춧가루	100g	
설탕	10g	

● 매운 양념 만드는 법

1. 마른 고추와 홍고추 / 새우젓을 믹서기에 넣고, 육수를 붓고 갈아 놓는다.
2. 1번 양념에 고춧가루를 넣고 불린다.
3. 불린 고춧가루에 갈은 마늘 / 갈은 양파 / 갈은 생강 / 조미료 / 소주 / 설탕을 넣고 골고루 섞어 놓는다.
4. 냉장고에 보관 후 사용한다.

🏮 비빔 고추장

비빔 고추장 재료 및 중량

재료	중량	원가 산출
고추장	500g	
매실액	100g	
갈은 마늘	50g	
설탕	30g	
통깨	10g	
정종	50g	
사이다	100g	

● 비빔 고추장 만드는 법

1. 고추장에 설탕을 섞어 저어가며 녹인다.
2. 1번 양념에 사이다 / 정종을 붓고, 매실액을 넣어 골고루 섞는다.
3. 섞여진 비빔장에 나머지 재료를 넣고 섞어 냉장 보관 후 사용한다.

🔴 간단한 불고기 양념장

간단한 불고기 양념장 재료 및 중량

재료	중량	원가 산출
간장	150g	
설탕	60g	
배	100g	
다진 파	30g	
갈은 마늘	40g	
정종	50g	
후춧가루	2g	
생수	100g	
기름	20g	
통깨	10g	
파인애플	20g	

🔴 불고기 양념장 만들기

1. 배와 파인애플은 믹서기에 곱게 갈아 놓는다.
2. 간장과 생수를 섞는다.
3. 섞여진 간장에 설탕을 넣고 거품기로 저어 가면서 설탕을 충분히 녹인다.
4. 설탕을 녹인 간장에 갈은 배와 파인애플을 넣고 섞는다.
5. 배합된 양념에 나머지 양념을 넣고, 6시간 숙성 후 불고기 양념장으로 사용한다.

🔴 와사비 간장

와사비 간장 재료 및 중량

재료	중량	원가 산출
진 간장	500g	
설탕	200g	
생수 또는 육수	300g	
와사비	100g	
정종	100g	

🔴 와사비 간장 만드는 법

1. 와사비 가루는 찬물을 넣고, 골고루 섞어 놓는다.
2. 1번 와사비에 진 간장 / 설탕을 넣고, 거품기로 저어가며 설탕을 완전히 녹인다.
3. 녹여진 간장에 생수 또는 육수를 섞고, 정종도 섞는다.
4. 정종 대신 김이 빠진 소주를 사용하기도 한다.

🔴 수제비 반죽

수제비 반죽 재료 및 중량

재료	중량	원가 산출
밀가루	10kg	
녹말 가루	500g	
식용유	500g	
물	5.5kg	
소금	50g	

🔴 수제비 반죽 만드는 법

1. 반죽기에 밀가루/녹말 가루/식용유/소금/물을 넣는다.
2. 약 20분 정도 타이머를 맞춰서 돌려놓는다.
3. 수제비 반죽을 비닐에 담아 상온에서 4시간 숙성시킨다.
4. 숙성된 반죽을 한번 치대고, 냉장고에서 3시간 숙성시킨 후 사용한다.

🔴 달래 간장

달래 간장 재료 및 중량

재료	중량	원가 산출
진 간장	200g	
설탕	20g	
고운 고춧가루	30g	
생수	200g	
통깨	20g	
정종	50g	
달래	50g~100g	
참기름	20g	
요리당	10g	

🔴 달래 간장 만드는 법

1. 진 간장에 설탕과 요리당을 넣고, 골고루 섞어 설탕을 녹인다.
2. 녹인 간장에 고운 고춧가루 / 생수 / 정종을 넣고 섞은 후 통깨를 넣는다.
3. 달래는 뿌리를 다듬고 깨끗이 씻어, 건진 후 1cm 길이로 썰어 놓는다.
4. 먹기 직전에 만들어 놓은 간장에 달래와 참기름을 섞어 제공한다.